hänssler

Michael Herbst

Deine Gemeinde komme

Laufen ist die Leidenschaft des 52-jährigen Theologen aus Greifswald: die langen Läufe bis zum Marathon reizen ihn. Auch missionarischer Gemeindeaufbau ist kein Sprint, sondern ein Langstre-
ckenunternehmen, das Inspiration und Geduld, Ausdauer und
einen steten Nachschub an Energie braucht. Für diesen Lauf hat
Herbst entsprechend trainiert: Studium der evangelischen Theologie in Bethel, Göttingen und Erlangen, dann wissenschaftlicher
Mitarbeiter in Erlangen. 8 Jahre im Gemeindepfarramt in Münster
und 4 Jahre als Krankenhaus-Seelsorger im Kinderzentrum Bethel
schlossen sich an. Seit 1996 ist er dabei, andere Langstreckenläufer
für Gemeindeaufbau, Seelsorge und Gottesdienst zu trainieren: als
Professor für Praktische Theologie in Greifswald und seit 2004 auch
als Direktor des in Deutschland einmaligen Instituts zur Erforschung
von Evangelisation und Gemeindeaufbau.

Hänssler-Hardcover
Bestell-Nr. 394.723
ISBN 978-3-7751-4723-1

© Copyright 2007 by Hänssler Verlag,
D-71087 Holzgerlingen
Internet: www.haenssler.d
E-Mail: info@haenssler.de
Umschlaggestaltung:
oha werbeagentur, Oliver Häberlin,
www.oha-werbeagentur.ch
Titelbild: Salome Fabriz
Satz: typoscript GmbH, Kirchentellinsfurt
Druck und Bindung: Ebner & Spiegel, Ulm
Printed in Germany

Die Bibelstellen sind zitiert nach der Lutherbibel, revidierter Text
1984, durchgesehene Ausgabe in neuer Rechtschreibung, © 1999
Deutsche Bibelgesellschaft, Stuttgart.

Inhalt

Vorwort 9

Geistlich leiten – auf klarem Kurs
*Willow-Creek-Leitungskongress
Bremen, 9.–11.11.2006* 13

Zwischenbemerkung: Der 9. November
und geistliche Führung 14
Ein kurzer, scharfer Blick: Zwischen
Pastorenkirche und Führungsschwäche 17
Geistliche Führung bringt die Gemeinde auf
den Weg der Verheißungen 21
Wir brauchen eine neue Sicht,
wie geistliche Führung im 21. Jahrhundert
aussieht 26
Unterschiedliche Führungstypen 26
Vielfältige Aufgaben geistlicher Führung..... 30
1. Gaben entdecken 30
2. In Beziehungen investieren 33
3. Angesichts von Problemen führen 35
Wie können wir geistlich führen und trotzdem
überleben? 37
Sind wir Berufene oder Getriebene? 38
Geistliche Führung als Marathonlauf 40
1. Marathon ist ein Ausdauerlauf 40
2. Marathon braucht Training und Regeln... 41
3. Marathonläufer brauchen Ermutigung
von Zuschauern 43
4. Marathonläufer müssen Etappensiege
feiern 44

5. Marathonläufer müssen ihre Zweifel
   bekämpfen................................... 45

Wachsende Gemeinde in nachkirchlicher Zeit
Willow-Creek-Kongress in Braunschweig:
„Evangelisation mit Zuversicht"
11.11.2005................................... 47

Einleitung.. 47
Die Vision neu ergreifen 48
   Beispiel Frauenkirche......................... 48
   Sehen – träumen – planen – arbeiten 50
   Gottes Träume träumen 51
   Gemeinde als Übersetzerin des Evangeliums. 53
Mit Enttäuschungen leben....................... 56
   Zwischen Begeisterung und Depression...... 56
   Gespaltene Kultur: Ost und West............. 57
   Ratschläge gegen das Verzagen 61
   Ein Beispiel: Wie ein verzagter Mann neuen
   Mut fasste 63
Zielorientierte Schritte wagen................... 66
   Der erste Schritt: Mut zum missionarischen
   Plural entwickeln 69
   Der zweite Schritt: Mit Eifer fremde
   Sprachen in unserer Nähe lernen 70
   Der dritte Schritt: Vom einsamen Ich zum
   auskunftsfähigen Wir finden 71
   Der vierte Schritt: In der Liebe wachsen...... 74
   Der fünfte Schritt: Gute Angebote nutzen,
   um andere auf der geistlichen Reise zu
   begleiten 76
Schluss 78

Gemeinde missionarisch entwickeln
*Zweites Forum der Evangelischen
Landeskirche in Baden
Rastatt (4.2.2006)* 79

Einleitung 79
    Gemeinde als Gabe Gottes 80
Erstens: Gesunde Visionen von der *Gemeinde*
Jesu finden 82
    Träumen erlaubt – Visionen motivieren und
    aktivieren 82
    Ungesunde Visionen als menschliche
    Wunschträume 86
    Miteinander aus dem Wort Gottes Visionen
    entwickeln 88
Zweitens: *Missionarische* Gemeinde werden.... 90
    Woher kommt unser missionarisches
    Handeln? 91
    Was müssen wir lernen, wenn wir
    missionarisch handeln? 93
    Wie kann missionarisches Handeln heute
    gelingen? 96
    Worauf zielt unser missionarisches
    Handeln? 98
Drittens: Missionarische Gemeinde *entwickeln*. 99
    Bereitschaft zu Veränderung und neuen
    Formen 99
    Mission braucht Vielfalt 103
    Miteinander in der Gemeinde Perspektiven
    entwickeln und gestalten 104
Schluss 106

Einladende Gemeinde – Wachsende Kirche
Empfang des Dekanatsbezirks Erlangen
(6.5.2007) 107

Einleitung....................................... 107
1. Die Herausforderung durch die Krise
   der Kirche 109
   1.1 Die Krisen der Kirche.................... 110
   1.2 Wie gehen wir mit den Krisen um? 112
2. Die Herausforderung durch das
   Evangelium.................................. 116
   2.1 Mt 11,25-30 116
   2.2 Die Vision einer gesunden Gemeinde.... 118
3. Die Herausforderung zur Mission:
   Einladen, um zu wachsen..................... 123
   3.1 Mission heißt: Gewinnen statt haben ... 123
   3.2 Gewinnen durch Einzelne und
       Gemeinschaften 125
   3.3 Gewinnen wollen zur Nachfolge in der
       Gemeinschaft............................ 127
   3.4 Gewinnen am Ende der sieben
       fetten Jahre 129
4. Die Herausforderung zum missionarisch
   verstandenen Plural......................... 131
Schluss 135

Anmerkungen 136

Vorwort

Der Titel dieses Buches mag überraschen. Vielleicht wird sogar der eine oder die andere die Stirn runzeln. Ist das nicht...? Ja, es ist! Es ist eine an das Vaterunser angelehnte Formulierung: Geheiligt werde Dein Name. Dein Reich komme. Dein Wille geschehe wie im Himmel so auf Erden. Darf man das? Nun, es geht keineswegs darum, die Reihe der Bitten des Gebetes, das die Welt umspannt, zu erweitern oder den Text gar zu verbiegen und zu missbrauchen. Vielmehr geht es um einige grundlegende Einsichten in das Wesen der Gemeinde Jesu:

- ⮑ *Gemeinde ist nicht machbar.* Wir können zwar einiges, durchaus auch Notwendiges tun, organisieren, anstoßen, in Gang bringen, aber dass Menschen nicht nur im Namen des Herrn zusammenkommen, sondern auch seine heilende und aufrichtende Gegenwart erleben (Mt 18,20), das ist ein Ereignis, das wir nur erbitten und erwarten können. Dass sich in unseren menschlichen Versuchen (und manchmal auch trotz unserer Versuche) ereignet, was dem Neuen Testament nach „Gemeinde" ist, haben wir nicht in der Hand. Darum bitten wir: Deine Gemeinde komme. Wir haben die Verheißung, dass es geschieht, wo Gottes Wort verkündet wird und die Sakramente gereicht werden. Und doch bleibt das Ereignis selbst ein Geschenk. Deine Gemeinde komme.
- ⮑ *Gemeinde ist nie vollkommen.* Auch unsere besten Erfahrungen lassen daran keinen Zweifel. Wir sind immer noch unterwegs. Es wird weiterhin viele Probleme geben. Wer Gemeinde bauen hilft, muss Probleme lieben. Es wird immer Versagen und Schuld geben. Und doch ist die Gemeinde ein Ort, an dem schon

etwas vom Reich Gottes zu spüren sein darf. Vergebung wird zugesprochen. Beziehungen heilen. Traurige werden getröstet. Menschen bekommen Zugang zu Gott. Arme atmen auf. Gaben werden entdeckt und für andere eingesetzt. Das Lob Gottes erklingt in alten und neuen Liedern. Es gibt „dunkle Täler", aber auch eine Ahnung vom Himmel. Wenn wir auch um das Kommen des Reiches *hier und heute* bitten, bitten wir unter anderem darum, diesen Vorgeschmack des Reiches in der Gemeinde kosten zu dürfen. Darum: Deine Gemeinde komme.

Dieses kleine Buch besteht aus Vorträgen, die in den letzten beiden Jahren entstanden und bei unterschiedlichen Gelegenheiten gehalten wurden, unter anderem bei den Willow Creek Kongressen 2005 in Braunschweig und 2006 in Bremen. Der Redestil wurde weitgehend beibehalten. Auch an kleineren Überschneidungen sieht man, dass dieses Buch aus verschiedenen Vorträgen erwuchs. Die Überschneidungen stehen in diesem Fall für Aspekte in der missionarischen Gemeindeentwicklung, die mir besonders am Herzen liegen. Es sind keine wissenschaftlichen Aufsätze. Es sind Vorträge aus theologischer Verantwortung für den Weg der Kirche und die Zukunft der Gemeinde, geschrieben und gehalten für Christen, deren Herz für die Gemeinde Jesu Christi schlägt, die an manchem in ihrer Kirche leiden und sie doch lieben, und die mit Freude ihre Kraft und Zeit sowie ihre Gaben für die Erneuerung der Gemeinde einsetzen.

Danken möchte ich an dieser Stelle vor allem meinen Mitarbeitern am Lehrstuhl für Praktische Theologie in Greifswald, vor allem Ulf Harder, für viele Zuarbeiten, Entlastungen und den inspirierenden Austausch. Sabine und Thomas Kiefer-Trendelenburg, die beim GreifBar-Projekt ehrenamtlich mitarbeiten, verdanke ich die Idee für den Titel dieses Buches. Mein Dank gilt außerdem meiner Frau und „gemeindlichen Weggenossin" Christiane. Ihre Leidenschaft und ihr Einsatz für Evangelisation und Gemeindeentwicklung sind eine kräftige Ermutigung und Herausforderung für mein eigenes Forschen und Lehren und meinen Dienst in der Kirche, vor allem im GreifBar-Projekt in Greifswald. Schließlich danke ich Ulrich Eggers für die Idee dieser Veröffentlichung und dem Hänssler Verlag für die Aufnahme in das Verlagsprogramm. Ein herzliches Dankeschön gilt an dieser Stelle der Lektorin, Frau Uta Müller, und dem Buchbereichsleiter Dr. Torsten Knödler für die ausgezeichnete und geduldige Betreuung.

Greifswald/Weitenhagen, 1. September 2007
Michael Herbst

Geistlich leiten – auf klarem Kurs

*Willow-Creek-Leitungskongress
Bremen, 9.–11.11.2006*

Zwischen Pastorenkirche und Führungsschwäche

Eine Frau in den besten Jahren hat einen Herzinfarkt. Sie kommt ins Krankenhaus und schwebt zwischen Leben und Tod. Sie sieht Gott und fragt: „Ist meine Zeit abgelaufen?" „Nein", sagt Gott, „du lebst noch 30 Jahre weiter." Da beschließt die Frau, richtig gut auszusehen, wenn sie doch noch so lange leben soll. Sie lässt sich liften, Fett absaugen, ihre Haare in einer coolen neuen Farbe färben. Als sie den Friseursalon verlässt, wird sie von einem Auto überfahren. Wieder steht sie vor Gott und nun beschwert sie sich: „Ich dachte, ich hätte noch 30 Jahre! Warum hast du das zugelassen, dass ich überfahren werde?" Daraufhin Gott: „Weil ich dich nicht erkannt habe."

Liebe Schwestern und Brüder, das wäre doch etwas, wenn unsere Gemeinden so in ihre Zukunft verliebt wären, dass sie sagen: Uns ist das Leben neu geschenkt. Nun wollen wir etwas daraus machen. Nicht durch Schönheitschirurgie und Kosmetik, sondern durch eine innere, geistliche Erneuerung. Das wäre doch etwas, wenn unsere Gemeinden dann so jung und frisch aussähen, dass sie kaum wiederzuerkennen wären.

Wir sind davon überzeugt, dass das auch etwas mit der Führung und Leitung der Gemeinde zu tun hat. Mit geistlicher Führung, das heißt, mit der Frage, wie wir das Richtige tun, das was Gott bevorzugt. Und mit guter

Leitung, das heißt, mit der angemessenen Umsetzung, also einem guten Management. Bill Hybels hat uns das vermittelt: Wie die Ortsgemeinde die Hoffnung der Welt ist, so ist geistliche Führung ein wesentlicher Schlüssel zu ihrer Erneuerung.[1] Das sehen übrigens auch die Landeskirchen: Sie finden zurzeit überall Zustimmung, wenn sie sagen: Wir brauchen in unserer Kirche mehr geistliche Führung.

Haben Sie noch etwas Kondition? Der Tag war schon sehr lang, aber ich möchte diese Frage nach geistlicher Führung gerne ein bisschen stärker auf unsere Gemeinden in Deutschland beziehen. Ich möchte einen kurzen, scharfen Blick auf die Stichworte Pastorenkirche und Führungsschwäche werfen, nicht lang, das macht nur depressiv. Auch Thomas Schaaf ist nicht lange beim peinlichen 1:1 gegen Cottbus stehen geblieben, sondern hat seine Mannschaft auf Barcelona eingestellt! Ich möchte dann erstens über die Verheißungen sprechen, die Jesus uns gibt. Das heißt, meine erste These lautet: Geistliche Führung bringt die Gemeinde auf den Weg der Verheißungen. Danach möchte ich zweitens über eine neue Sicht von geistlicher Führung im 21. Jahrhundert sprechen. Schließen werde ich drittens mit ein paar Gedanken darüber, wie wir geistlich führen und trotzdem überleben können.

Zwischenbemerkung:
Der 9. November und geistliche Führung

Liebe Schwestern und Brüder, wir müssen an dieser Stelle einen Moment innehalten. Wir sind an einem bemerkenswerten Datum zu diesem Kongress zusammengekommen, das wir nicht einfach übergehen können. Wir schreiben heute den 9. November. Und so, wie sich unse-

ren amerikanischen Freunden der 11. 9. („nine-eleven")
für immer in das gemeinsame Gedächtnis eingegraben
hat, so hat sich für uns das umgekehrte Datum, der 9. 11.
(„eleven-nine") in Kopf und Herz eingeschrieben. So wie
die Vereinigten Staaten nach diesem furchtbaren Angriff
auf das World Trade Centre und das Pentagon-Gebäude
nicht mehr dieselben sind wie vorher, so können wir als
Deutsche dieses Datum nicht überspringen. Wir werden
sehen, wie sich das auswirkt auf unser Nachdenken über
Führung und Leitung in der Gemeinde. Auf den 9. November versammelt sich Stoff für mehrere Geschichts-
bücher. Am 9. November 1918 wurde die Republik aus-
gerufen, 1923 marschierte Hitler zur Feldherrnhalle.
Am 9. November 1938 brannten in unserem Land die
Synagogen, auch die in meiner Heimatstadt Bielefeld,
und ich kann bis heute nicht verstehen, warum in meiner Schule davon nicht einmal die Rede war, obwohl sie
nur drei oder vier Straßen vom Standort dieser Synagoge
entfernt lag. Und am 9. November 1989 fiel nach mehr
als 38 Jahren die Berliner Mauer. An diesem „antifa-
schistischen Schutzwall" sind etwa 200 Menschen ums
Leben gekommen, die nichts anderes suchten als Freiheit.
Als sie sie hatten, tanzten die Menschen auf der Mauer,
die sie so lange voneinander getrennt hatte. Für unsere
Gemeinde in Greifswald gilt wie für viele: Wir wären
ohne diesen Aufstand von unten nicht zusammen und
auch nicht hier in Bremen.

Also: Einige der schlimmsten Stunden unseres Volkes
und einige der besten Stunden unseres Volkes versammeln
sich auf diesem 9. November. Und die schlimmsten wie
die besten Stunden unseres Volkes hatten mit deutschen
Diktaturen zu tun, mit der Unterdrückung von Freiheit,
mit Untertanengeist, aber auch mit Zivilcourage.

Was hat das mit unserem schönen Kongress zu tun? Nun, zweierlei: Wir können hier nicht als Christen zusammenkommen, ohne uns mit den Menschen in unserem Land zu erinnern und für unser Land zu beten. Und: Wir können nicht daran vorbeisehen, dass wir als Deutsche eine tief begründete und hoffentlich fest verankerte Skepsis gegenüber entmündigender Führung haben. Wir wissen um die Versuchung, der Führer wie Geführte unterliegen können. Wir haben einen Sinn dafür, dass starke Führung Menschen stark machen muss, wenn sie gesunde Führung sein will. Und damit sind wir schon auf der Spur unseres Herrn: Jesu Art, seine Jünger zu führen, war

> *Wenn Jesus führt, werden Menschen stark. Geistliche Führung macht keine Untertanen, sondern mündige Menschen.*

auf Stärke ausgerichtet. Er hat sie so geführt, dass er sie senden konnte, zu predigen und zu heilen, Menschen zu sammeln und wiederum ihrerseits zu senden. Es ist eine geistliche Kette von Führung und Aussendung, die bis zu uns heute reicht. Wenn Jesus führt, werden Menschen stark. Sie sagen so eigenwillig-übermütige Dinge wie: „Ich vermag alles!" Sie beeilen sich aber hinzuzufügen: „durch den, der mich mächtig macht, Christus" (Phil 4,13). So macht Jesus stark, freilich für die Absichten, die er in dieser Welt verfolgt: Das ist vor allem seine Sendung, verlorene Menschen zu gewinnen. Kurzum: Geistliche Führung in unserem Land hat ein Kriterium, wenn wir aus unserer Geschichte heraus Buße tun und lernen: Sie macht keine Untertanen, sondern mündige Menschen, die anhand der Heiligen Schrift prüfen können, was gut ist und was nicht. Sie macht keine hilflosen Menschen, sondern Menschen, die etwas ausstrahlen von der Kraft ihres Herrn.

Ein kurzer, scharfer Blick:
Zwischen Pastorenkirche und Führungsschwäche

Bevor wir aber jetzt ins Schwärmen kommen, müssen wir unseren kurzen, scharfen Blick wagen: Wie sieht es denn wirklich aus bei uns? Und unsere deutsche Lage ist stark bestimmt durch das unklare Verhältnis von Pastoren und Laien. Da gibt es ein gegenseitiges Leiden, wirklich ein Leiden aneinander. Und dieses Leiden sieht anders aus, je nachdem, ob ich es mit einem landeskirchlichen Pfarrer, einem freikirchlichen Pastor oder einem Prediger der Landeskirchlichen Gemeinschaft zu tun habe. Aber gelitten wird hüben und drüben. Es ist ein unklares Verhältnis. Gemeinden in unserem Land bleiben unmündig, zuweilen auch in „selbst verschuldeter Unmündigkeit" (I. Kant). Und sensible Pastoren sind verunsichert über ihre Rolle. Was sollen sie denn sein? Führen sollen sie, aber wohin und wie? Und noch immer haben wir es nicht vermocht, das Priestertum aller Gläubigen mit Leben zu erfüllen. Da sind wir immer noch nicht bei der ersten Reformation angekommen[2], wenn es um diesen wunden Punkt geht. Wir haben die Pastorenkirche nicht hinter uns, die übrigens auch eine Pastorinnenkirche sein kann oder eine Predigerkirche. Und Führungsschwäche und Pastorenkirche liegen – das ist mein Vorschlag – nah beieinander. Denn Gemeinden bleiben ohne Führung, weil die Pastorenkirche einfach das Bestehende zementiert und die Gemeinde nicht in ihre verheißene Zukunft geleitet. Die Pastoren, die alles im Griff haben, für die Mitarbeiter nur Handlanger sind und die bestenfalls delegieren, aber nicht teilen, führen zu wenig, nicht zu viel. Oder: Sie führen an der falschen Stelle. Ihre „Führung" ist Kontrolle und nicht Ermächtigung. Ihre „Führung" ist Denkmalpflege und nicht Aufbruch. Wir kriegen es noch nicht hin in unserem Land.

Nur ein kurzer, scharfer Blick:

Wir wissen zwar zum Beispiel in unserer pommerschen Kirche, dass wir uns viele Pfarrstellen nicht mehr werden leisten können. Wir wissen auch, dass wir Kirche nur sein können, wenn es verlässliche Beziehungen am Ort gibt. Gemeinde lebt von Beziehungen. Man kann nicht irgendwo eine Behörde einrichten, an die man sich wendet, wenn man etwas will. So funktioniert vielleicht ein Amt zur Erhebung der Hundesteuer oder eine Computerhotline, aber nicht die Gemeinde Jesu. Gemeinde lebt von lebendigen Beziehungen. Jetzt müssten wir doch flugs zur Bibel greifen, den Epheserbrief aufschlagen und uns aufklären lassen. Dort steht: Es gibt die schönen Ämter in der Kirche, damit die Heiligen zugerüstet werden zum Dienst. Und durch den Dienst der begabten Heiligen wird die Gemeinde erbaut, sodass sie wächst, und zwar an Zahl und geistlicher Kraft (Eph 4,11 f). Mein Gedanke zum 9. November: Geistliche Führung macht starke Leute. Aber wir können uns nicht recht dazu durchringen, normale Christenmenschen so zuzurüsten, dass sie selbst Führung für kleine Gemeinden übernehmen können. Unsere Kraft und unser Geld, unsere Ausbildung und die Führung für Führungskräfte müssten darauf ausgerichtet werden: Entdecke die Begabten! Rüste sie zu, ermutige sie, begleite und ermächtige sie! Damit sie lernen, das Wort auszulegen, Mitarbeiter zu sammeln, mit anderen zusammen verlorene Menschen zu suchen und zu finden. Fritz Schwarz nannte das vor 25 Jahren: „Der Pfarrer für die Mitarbeiter – die Mitarbeiter für die Gemeinde!"[3]

Es soll gar nicht so selten sogar so weit gehen, dass Pastoren richtig hilflos werden, wenn man sie aufsucht und fragt: „Bitte, ich würde gerne mitarbeiten. Was kann ich tun?" So erzählte es mir ein Betriebswirt: „Bitte, ich

könnte zum Beispiel im Kindergottesdienst mitmachen!"
Antwort: „Ach, das macht schon meine Frau." „Gut, aber
ich verstehe auch etwas von Diakonie." – „Ja, ich weiß
nicht so recht." „Und ich bin Laienprediger." – „Nein,
wissen Sie, mit den Predigtterminen komme ich schon
klar!" „Aber ich bin doch hier jetzt Gemeindeglied." –
„Ja, das wird mir das Einwohnermeldeamt schon noch
mitteilen."[4] Als Otto Schily noch Minister war, pflegte
er zu sagen: „In meinem Ministerium kann noch jeder
das tun, was ich will."

In einer Landeskirchlichen Gemeinschaft gab es einen
heftigen Streit zwischen dem Prediger und dem Vorstand.
Als der Streit so richtig eskalierte, meinte der Prediger auf-
gebracht: „Na gut, wenn die Eier gegen die Henne revol-
tieren, muss wohl die Henne geschlachtet werden!"

Allerdings funktioniert so etwas häufig nach dem
Prinzip von Pott und Deckel: „Der Pfarrer versorgt die
Gemeinde und die Gemeinde verzehrt den Pfarrer."[5] Es
gibt mancherorts so etwas wie eine unheilige Allianz von
Gemeinden mit ihrem Pastor. Man ist sich nämlich darin
einig, dass der Pastor es schon richten muss. Er hat das
Frommsein ja studiert und wird dafür sogar bezahlt: Jetzt
soll er es bitte auch für uns machen. Es gibt so eine Tribü-
nenmentalität auch unter Christen. Ja, ich gehe zum Gottesdienst wie zu Werder, begutachte die Aufstellung, esse
meine Bratwurst und schau mal, wie die da unten spielen.
Gefällt es mir nicht, meckere ich über den Trainer.

In einer Gemeinde sagt nach der Wiederbesetzung
der Pfarrstelle eine Frau zum Pastor: „Wie schön, dass
jetzt wieder Licht im Pfarrhaus brennt. Da wissen wir,
dass in unserem Dorf wieder gebetet wird."[6] Ein ganz
frommer Satz, möchte man meinen, stutzt dann vielleicht
und wird nachdenklich: Das heißt doch: Für das Beten

haben wir einen Pfarrer eingestellt, unsere Aufgabe ist es nicht. Wesentliche Stücke christlichen Lebens werden so an den Pastor delegiert. Der darf sich dann für die Gemeinde aufopfern. So aber gleicht der Pastor oft einer Mutter, die zu ihrem Kind sagt: Du musst nicht laufen lernen. Ich mache das schon für dich. Bleib du nur liegen, ich versorge dich. Die Gemeinde gleicht dann auch einer Schar verwöhnter Kinder, die kriegen, was sie wollen, aber nicht bekommen, was sie brauchen.[7] Für den Pastor bedeutet das: Er muss es nun auch richten. Er wird zur eierlegenden Wollmilchsau; anders gesagt: Er verkommt zum armen Schwein. Ich sorge mich gerade um die Pastoren in unseren östlichen, ländlichen Gemeinden, die immer mehr leisten und machen sollen und dabei zielstrebig dem Ausbrennen entgegentrudeln.

Genau das nenne ich Führungsschwäche in der Pastorenkirche: Dabei meine ich nicht, dass das Kollektenbuch nicht stimmt, der Lektorenplan unvollständig ist oder die Konfirmanden nicht spuren. Führung bedeutet ja nicht, dass wir alles richtig machen. Da sind wir Deutsche schon beängstigend gut. Führung bedeutet, dass wir das Richtige machen. Wer führt, sieht ein Bild von der Zukunft, die Gott der Gemeinde schenken will. Wer führt, steckt andere an mit der Begeisterung für dieses Bild von Gottes Zukunft. Wer führt, bittet Menschen, ihr Bestes zu investieren, weil er überzeugt ist: Dem anderen kann nichts Besseres passieren, als sich für Gottes Zukunft in der

> *Gute Führungskräfte sind tapfere Bettler: Sie warten nicht auf Mitstreiter, sondern wagen es zu bitten: Komm, stell dich mit uns zur Verfügung. Musiziere, spende, besuche, rede, organisiere, baue, backe, betreue, bezeuge, leite, putze, gestalte, singe, lege aus – aber gib, was du hast, für etwas, das den Wert der Ewigkeit besitzt.*

Gemeinde einzusetzen. Aber bei uns ist es oft so: Die unsere Gemeinden führen sollen, die wagen es nicht, verwegen zu träumen von der Zukunft ihrer Gemeinde. Sie wagen es nicht, ihre Gemeinde zu begeistern von den Möglichkeiten, als Gemeinde Jesu das Salz der Erde und das Licht der Welt in ihrer Umgebung zu sein. Sie wagen es nicht, Menschen zu bitten, ihr Bestes für Jesus und seine Gemeinde zu geben. Gute Führungskräfte aber sind tapfere Bettler: Sie warten nicht auf Mitstreiter, sondern wagen es zu bitten: Komm, stell Dich mit uns zur Verfügung. Musiziere, spende, besuche, rede, organisiere, baue, backe, betreue, bezeuge, leite, putze, gestalte, singe, lege aus – aber gib, was Du hast, für etwas, das den Wert der Ewigkeit besitzt. So reden starke Führungskräfte. Aber wer nicht träumt und nicht begeistert und nicht bittet und nicht anleitet, der ist führungsschwach, auch wenn er alles für die Kirche tut. Und genau das ist heute unser Thema!

Geistliche Führung bringt die Gemeinde auf den Weg der Verheißungen

Jetzt kann ich endlich das Beispiel bringen, auf das ich mich schon seit Juni freue: Ohne die Aussicht, mit dieser deutschen Fußballmannschaft auf Platz 18 der Weltrangliste etwas Großes zu bewirken, wäre es ein ziemlich verregneter Fußballsommer geworden und nicht ein deutsches Sommermärchen. Wir konnten es ja im Kino sehen: Klinsmann hat seinen Jungs immer wieder vor Augen gehalten, was in diesem einen Sommer passieren kann. Jürgen Klinsmann ist ja leider kein Bremer, was man hört: Er, wo unser Bundeschträner war, ist Californo-Schwabe. Aber trotzdem können wir an ihm sehen, was die Kraft einer großen Vision ist: Sie bewegt Menschen, sie vereint Menschen auf einem Weg. Sie weckt Begeisterung und Leidenschaft. Sie hilft, Prioritäten zu setzen und Opfer zu bringen. Sie macht der Trägheit ein Ende. Und sie holt das Beste aus uns Menschen heraus. Das ist Führung „at its best": Menschen zu begeistern für eine Zukunft, die möglich ist, für etwas, das sein kann, obwohl es noch nicht zu sehen ist.

In theologischer Perspektive klingt das so: Geistliche Führung bringt Menschen die Verheißungen Jesu so nahe, dass sie davon in Bewegung gesetzt werden. Das hat zu tun mit unserer klassischen Beschreibung des Dienstes von Pastoren: In unterschiedlicher

> *Geistliche Führung bringt Menschen die Verheißungen Jesu so nahe, dass sie davon in Bewegung gesetzt werden.*

Weise, aber im Grundton übereinstimmend ordinieren wir Prediger und Pastoren zum Dienst am Wort Gottes. Sie sollen predigen und lehren und je nach Kirchentyp die Sakramente verwalten. Für die Zukunft unserer Gemeinden lässt sich das so auslegen: Sie sollen uns als Gemeinden zu den Verheißungen Gottes führen.

Dieser Satz ist bei weitem nicht so harmlos, wie er klingt. Denn unser Blick gilt in der Regel nicht den Verheißungen Gottes, sondern den Krisen der Kirche. Wir sind so gerne bereit, uns von den Sorgen gefangen nehmen zu lassen. Wir haben ein scharfes Auge für alles, was schwierig ist. Und dann meditieren wir das Schwere und Bedrohliche, bis es uns die Luft nimmt. Wir prognostizieren schlimme Zustände, und wir tun das schon jetzt für das Jahr 2030.[8] Dabei wäre schon die gegenwärtige Armut dazu angetan, uns den Atem zu rauben; ich nenne nur eine: dass unsere Gemeinden es so schwer haben, die Menschen draußen wirklich zu erreichen. Machen wir uns doch nichts vor! Manche wollen ja gar niemanden gewinnen. Aber die, die Menschen gewinnen wollen, tun sich oft so schwer. Tief, sehr tief sitzt bei den Konfessionslosen im Osten das Misstrauen. Sie sind religiös gänzlich unmusikalisch. Der Ostdeutsche ist so atheistisch wie der Bayer katholisch. Es ist ein mühsames Geschäft!

Ich sagte: Der Dienst am Wort Gottes bringt uns zu den Verheißungen Jesu für die Gemeinde. Er richtet unseren Blick auf die Zusagen, die Jesus uns gibt. Und diese Zusagen sind es, die Mut machen. Geistliche Führung müsste zuerst inspirieren, Menschen verlocken, sich von Gottes Verheißungen in Bewegung setzen zu lassen. Verheißungen, nicht Wunschträume. Das ist ganz wichtig. Nicht Illusionen, dass es schon irgendwie weitergehen wird. Nicht Sattheit, die gar nicht wahrnimmt, wie ernst es um die Kirche und die Gemeinden steht. Aber Verheißungen: Der Gott, der den toten Jesus aus dem Grab erweckt hat, hat Verheißungen für die, die nach der Zukunft der Gemeinde Jesu in Deutschland fragen. Wenn wir uns ihm nur neu anvertrauten. Wenn wir nur hörten und gehorchten! Jesus hat eine Zukunft für unsere Gemeinde. Er lässt sich seine Liebe zu den Konfessionslosen im Osten nicht ausreden. Er ist nicht davon abzubringen, die verlorenen Menschen in Ost und West zu suchen. Nur dazu lässt er die Uhr doch immer noch weiterlaufen. Er sucht und sucht und sucht.

In unserem Pfarrhaus in Münster war einmal eine Familie zu Gast mit drei kleinen Kindern. Plötzlich war eines verschwunden. Die Gartentür stand offen. Vor unserem Haus war eine vierspurige Ringstraße. Der Vater dieses Knirpses machte sich unverzüglich auf die Suche. Alles andere war jetzt zweitrangig. Es stellte sich heraus, dass der Kleine über die Straße gelaufen war und stracks in die nächste Buslinie gestiegen war. Dort war er zunächst gar nicht aufgefallen. Ich sah die ganze Zeit die Sorge und Unruhe im Gesicht des Vaters. Sein Kind war weg. Es gab für nichts anderes mehr Platz in seinem Kopf und in seinem Herzen. So ist das mit Jesus: Er sucht verlorene Menschen. Und entweder suchen wir mit ihm oder unsere Gemeinden haben keine Zukunft. Suchen wir aber mit ihm, dann gelten uns seine Verheißungen. Und er wird uns erleben lassen, was aus unseren kleinen Gemeinden noch werden kann.

Was wäre Willow Creek ohne Apostelgeschichte 2? Ohne die Gewissheit, dass Gemeinde nach Apostelgeschichte 2 nicht ein Fall für das archäologische Museum ist, sondern Hoffnung für die Welt: ein Ort, an dem Menschen Gottes Liebe erfahren können, die sie zu neuen Menschen macht. Und, liebe Schwestern und Brüder, das ist nicht allein die Sache von Willow. Wir haben in unserem kleinen pommerschen Kirchlein und in unserer reichlich atheistischen Umgebung den Traum von Apostelge-

> *So ist das mit Jesus: Er sucht verlorene Menschen. Und entweder suchen wir mit ihm oder unsere Gemeinden haben keine Zukunft.*

schichte 18,9.10: Jesus spricht in der Nacht zu Paulus. Und Paulus hatte es bitter nötig. Denn er war kein erfolgreicher Gemeindeleiter. Er war wieder und wieder auf die Nase gefallen, und auch in Korinth sah es nicht berauschend aus. Das europäische Abenteuer war bis dahin eine ziemliche Pleite. Aber Jesus spricht gerne zu Gemeindeleitern in der Tiefe. Und er zeigt ihnen, was sie so nicht sehen könnten. Und indem er das tut, gibt er ihnen eine neue Perspektive, eine neue hoffnungsvolle Sicht: Du, Paulus, fürchte dich nicht! Woran erkennen wir Jesus? Daran, dass er uns so anredet: Fürchte dich doch nicht. Ich bin mit dir. Und ich sammle in dieser gottlosen Stadt mein großes Volk. Darum schweige nicht.

Hab keine Angst vor den Widerständen, es soll dir niemand etwas anhaben. Ich selbst verbürge mich für dich. Denn: Ich habe ein großes Volk in dieser Stadt.

Seit gut vier Jahren erleben wir bei GreifBar in Greifswald, wie genau das geschieht: Keine gewaltigen Zahlen, kein gemeindliches Schlaraffenland, aber hier eine Atheistin, die sich im Glaubenskurs allmählich öffnet, dort eine Handvoll Menschen, die Seelsorge suchen, da ein paar Menschen, die ihre Gaben neu einbringen, dort einige wenige, die nach der Taufe fragen. Und für uns in der Führungscrew von GreifBar ist es die dauernde Aufgabe, die Verheißung Jesu in Erinnerung zu rufen. Wenn sie uns wegrutscht, und das passiert ungefähr einmal am Tag: zurück zum Ursprung! Jesus sammelt sein großes Volk in Greifswald. Wenn wir uns im Kleinkram verzetteln und plötzlich Nebensächliches zum Hauptthema werden will: Hey, denkt daran, uns gibt es nur, weil Jesus verlorene Menschen in Greifswald sammelt.

Was ist Führung? Das, was Jesus hier tut, ist Führung: Er selbst führt seinen leitenden Mitarbeiter zu einer neuen Sicht. Er lässt ihn sehen, was werden wird, auch wenn es noch nicht ist. Ich habe etwas vor mit dir hier in diesen erbärmlichen, kleinen Verhältnissen, in dieser gott- und glaubenslosen Umgebung. Ich sammle auch hier die, die zu meinem Volk gehören. Wenige oder viele, das ist zweitrangig: Mein Volk in dieser Stadt. Jesus führt uns, indem er uns tröstet. Und dann führt er uns, indem er uns wieder auf die Beine stellt. Und dann führt er uns, indem er uns begeistert für das, was werden wird. Geistliche Führung in der Gemeinde setzt diesen Dienst Jesu fort: indem Jesus nun durch uns führt, indem er tröstet; führt, indem er andere wieder auf die Beine stellt und führt, indem er auch andere begeistert für das, was werden wird.

Wir brauchen eine neue Sicht, wie geistliche Führung im 21. Jahrhundert aussieht

Ein Bischof hört von seinem Seelsorger einen guten Rat: „Bischof, ich glaube, du solltest mehr schlafen." Der Bischof ist gerührt, dass der Seelsorger sich Gedanken um seine Nachtruhe macht, aber er entgegnet: „Warum, ich schlafe 7–8 Stunden in der Nacht, das reicht mir." „Nein", entgegnet der Seelsorger, „ich meine es ernst, Bischof: Du solltest wirklich mehr schlafen." Nun wird der Bischof stutzig ob solcher Beharrlichkeit. Er fragt: „Und warum sollte ich mehr schlafen?" Der Seelsorger antwortet kurz und trocken: „Weil es den Schaden begrenzt, den du anrichten kannst!"

Ich habe schon mit meinem Hinweis auf den 9. November versucht, eine Richtung zu zeigen. Führung macht stark. Das bedeutet aber nicht, dass Führung nicht führt. Führung darf sich ihrer Aufgabe keineswegs verweigern.

Unterschiedliche Führungstypen

Aber: Geistliche Führung bedeutet nicht, dass *ein* Geistlicher führt.[9] Geistliche Führung in der Gemeinde geschieht durch die, die die Gabe der Führung haben. So sollte es mindestens sein. Und Gemeinden, die auf dem Weg der Besserung sind, ordnen sich hier neu und schauen: Wer hat denn die Gabe der Führung? Ich glaube, dass es ganz unterschiedliche Führungstypen gibt. Es gibt nicht nur eine Führungsgabe, sondern sehr verschiedene. Dabei entsprechen die Führungstypen oft den Charaktertypen

> *Geistliche Führung in der Gemeinde geschieht durch die, die die Gabe der Führung haben.*

der beteiligten Menschen. Gott widerspricht sich nicht: So wie er mich geschaffen hat, so wird er mich auch in Führungsrollen einsetzen. So wie ich geworden bin, werde ich führen. Es gibt da zwei Achsen, auf denen sich Führungstypen unterscheiden: Zum einen sind Führungspersonen stärker beziehungsorientiert oder stärker sachorientiert, wenn sie leiten. Zum anderen sind Führungspersonen stärker zukunftsorientiert und offen für Innovation und Veränderung oder stärker traditionsorientiert und wachsam im Blick auf die Bewahrung des Bewährten.

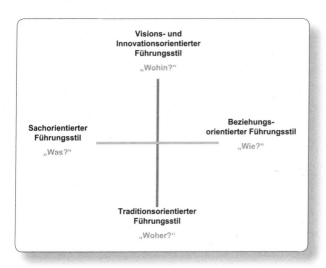

Irgendwo in diesem Feld befinden wir uns alle, nicht im „Entweder-Oder", sondern im „Mehr-oder-Weniger" – also auf einem der vielen möglichen Punkte in diesem Raster – und hoffentlich haben wir nicht nur einen Typus in unserer Gemeinde!! Das würde anstrengend! Das andere freilich auch!

Dem beziehungsorientierten Leiter wird es zum Beispiel leichter fallen, Menschen zu ermutigen, sie anzusprechen und zu bitten. Er ist der Teamplayer im Führungskreis. Er leitet seelsorglich, achtet darauf, dass niemand zurückbleibt. Er führt lieber noch ein Gespräch mehr, wenn er sich sorgt, jemandem könnte wehgetan werden. Schwächer ist er, wenn es darum geht, irgendwann auch Entscheidungen zu treffen und das Entschiedene auch durchzusetzen. Die Stärke dieses Leiters ist es, das „Wie" guter Führung im Auge zu behalten: menschennah und teamorientiert.

Der sachorientierte Mensch im Führungsteam hat genau da seine Stärke. Er ist kompetent, wenn es um die Sachfragen geht. Er ist prinzipienfest. Er ist auch entscheidungsfreudig und hat keine Probleme, vom Traum zum Tun zu finden. Er liebt den Satz von Klaus Douglass, dass wir unseren Traum leben sollen und nicht unser Leben verträumen. Er liebt „getting it done leadership" (Bill Hybels: „Führung, die etwas zustande bringt"). Schwächer ist er, wenn es um das richtige Tempo geht, um Rücksicht auf Empfindungen, Vorbehalte und Sorgen. Das dauernde Bitten nervt ihn eher. Aber wenn es um das „Was" guter Führung geht, ist er kaum zu überbieten.

Der zukunftsorientierte Mensch im Führungsteam führt visionär. Er kann der Gemeinde den Mund wässrig machen, wenn es um die Zukunft der Gemeinde geht. Er lebt in den Visionen und rechnet damit, dass Jesus tut, was er verheißt, hier und jetzt, nicht am Sankt-Nimmerleins-Tag. Er kann begeistern und herausfordern. Er sieht schon jetzt, was morgen sein kann. Er würde am liebsten alles andere stehen und liegen lassen. Ist er gleichzeitig personenorientiert, reißt er andere mit. Ist er gleichzeitig sachorientiert, so schreibt er ein Zukunftskonzept nach dem anderen. Andererseits hat er wenig Verständnis für die, die am Bestehenden hängen, deren Herz schwer wird, wenn das alles nichts mehr taugen soll. Und er wird schnell ungeduldig, wenn es nicht so schnell geht, wie er es sich ersehnt. Aber wenn es um das „Wohin" guter Führung geht, kann die Gemeinde froh sein, die diesen Visionär in der Führungscrew hat.

Schließlich gibt es den traditionsorientierten Typen im Führungsteam. Er ist bedächtig, weil er bedenkt, welche Erfahrungen die Gemeinde schon gemacht hat. Er kennt die Geschichte und ist vertraut mit den Menschen, die am Ort leben. Er hat ein Auge für das Bewährte und will bewahren, was kostbar ist. Er ist gründlich, wenn es um die gute Lehre geht. Versteht er sich gut mit dem Visionär, dann können sie miteinander das richtige Tempo für die Erneuerung und Veränderung der Gemeinde finden. Manchmal bremst er aber auch zu lange, obwohl der rechte Zeitpunkt da wäre, voranzuschreiten. Aber wenn es um das „Woher" guter Führung geht, braucht die Gemeinde auch ihn in der Führungsmannschaft.

Für gute geistliche Führung brauchen wir mehrere begabte Führungspersonen in einem Führungsteam.

Das alles ist nötig für gute geistliche Leitung. Rückfrage: Das alles soll ich leisten? Nein, das soll ich nicht. Das kann ich auch gar nicht. Können Sie das? Nein! Wir brauchen dazu mehrere begabte Führungspersonen in einem Führungsteam.

Es tut der Führung in der Gemeinde also gut, wenn sie plural ist. Der Heilige Geist liebt ja den Plural. Im Blick auf Jesus den Herrn gibt es nur den Singular. Im Blick auf den Geist aber regiert der Plural: ein Herr, aber viele Gaben. Und nun: ein Herr, der uns führt, aber viele, die in der Gemeinde zur Führung beitragen können. Das bedeutet: Geistliche Führung braucht die Mehrzahl: Mehrzahl an

Menschen, Mehrzahl an Charaktertypen und Mehrzahl an Führungscharismen. Eins ergänzt das andere, eins gleicht aber auch aus, was dem anderen fehlt. Meine Sympathie gilt eindeutig dem Modell der presbyterialen Leitung, in der mehrere kollegial die Gemeinde leiten. Ich plädiere für geistliche Führungsteams und nicht quasi-bischöfliche oder pyramidenförmige Führung, in der „top down", also von oben nach unten Entscheidungen gefällt werden.

Vielfältige Aufgaben geistlicher Führung

Die Aufgaben geistlicher Führung sind so komplex, dass wir auf die Vielfalt der Führungsgaben gar nicht verzichten können. Ich nenne drei dieser Aufgaben: Es sind neuralgische Punkte: erstens Gaben entdecken, zweitens in Beziehungen investieren und drittens angesichts von Problemen führen.

1. Gaben entdecken

Wer visionär führt und leitet, sieht in seinen Schwestern und Brüdern, was Jesus in ihnen sieht. Wie sehen wir Leute an? Wenn wir geistlich führen, dann sehen wir in Menschen mehr, als sie selbst schon sehen können. Wir sehen Gaben, die sie noch nicht kennen. Wir sehen sie vor unserem inneren Auge dienen, mitwirken, sich entfalten. Also irgendwie ist doch der Fußball besonders nah am Reich Gottes, was mir nun besonders für unsere Amerikaner leidtut, aber vielleicht

Menschen entfalten sich in der Nähe Jesu. Wenn sie ermutigt werden, wagen sie es, ihre Gaben ins Spiel zu bringen.

überlassen wir ihnen ja jetzt den Klinsmann als Nationaltrainer. Also der Klinsmann, der hat das vorgemacht: Alle haben sie gesagt, mit dieser Mannschaft ist kein moderner Fußball zu spielen. Dieses „Rumgegurke", Ballgeschiebe, diese teutonische Hüftsteife – das kann nichts werden. Aber der Klinsmann hat sie sich angeguckt, die „Poldis" und die „Schweinis" und hat in ihnen schon den modernen vertikalen Fußball gesehen, den sie im Juni 2006 spielen sollten. Am 29. Juni sagt Klinsmann: „Die ganzen letzten Jahre hieß es:

,Wir haben die Spieler nicht, um so einen Fußball zu spielen', von dem ihr da redet. Aber wir haben jetzt die Antwort gegeben: ,Wir haben diese Spieler doch. Man muss ihnen nur die Möglichkeit geben, sich zu entfalten.'"[10] Wie in der Gemeinde! Wie in der Gemeinde! Wenn wir führen und leiten, sehen wir Menschen anders an. Wir glauben schon an die Gaben des Geistes, die wir noch gar nicht sehen können. Wir glauben schon an die Gaben des Geistes, die sie selbst noch gar nicht sehen können. Menschen entfalten sich in der Nähe Jesu. Wenn sie ermutigt werden, wagen sie es, ihre Gaben ins Spiel zu bringen.

Ich muss hier eine kleine Zwischenbemerkung einschieben: Dieser Gedanke schließt auch eine „raue Herzlichkeit" im Umgang miteinander ein. Wir lassen uns nicht laufen, wenn wir hinter dem zurückbleiben, was wir sein könnten. Wir sind nicht einfach nur nett miteinander. Kennen Sie nette Gemeinden? Da ist gut sein! Aber sie kommen nicht weiter. Nett sein reicht nicht. Wir müssen einander auch liebevoll konfrontieren und herausfordern. Wir lassen den anderen auch nicht im Stich, wenn ihn die Sünde auf den Leim gelockt hat. Liebe Schwestern und Brüder, ich dürfte heute nicht vor Ihnen stehen, wenn ich nicht anderen Christen so wichtig gewesen wäre, dass sie nicht nett zu mir waren, sondern deutlich, herausfordernd, mahnend. „Michael, du könntest einmal einen wichtigen Dienst für das Reich Gottes tun, aber verspiele es nicht!" Ich weiß es noch wie heute, wie ich mich als

17-Jähriger über diese Worte meines CVJM-Sekretärs[11] in Bielefeld geärgert habe. Aber ich wurde ihn nicht los. Heute bin ich dankbar. Nett sein allein reicht nicht!

In England hat man Gemeinden untersucht, die gegen den allgemeinen Trend wuchsen. Eines ihrer Merkmale war es, dass die Führungskräfte eben nicht alles taten, sondern ihre Aufgabe darin sahen, Menschen zu ermutigen: „enabling the ministry of the whole church rather than doing the ministry for the whole church." Den Dienst der Gemeinde ermöglichen, nicht anstelle der Gemeinde dienen. Und: „They celebrated the gifts of others rather than felt threatened by them."[12] Die Gaben feiern und sich nicht durch begabte Menschen bedroht fühlen. Pastoren und andere Leiter müssen lernen zu fasten, ein Aktivitätsfasten zu praktizieren, wenn es darum geht, andere zum Zug kommen zu lassen.

Gerade in der letzten Woche habe ich den Unterschied gemerkt: Wir haben gerade einen Emmaus-Glaubenskurs bei GreifBar. 11 Einheiten in einem Grundkurs des Glaubens! Die ehrenamtlichen Mitarbeiter bereiten die Abende vor; der Theologe ist nur im Hintergrund vorhanden. Die Ehrenamtlichen können ihn einbeziehen, müssen es aber nicht. Sie zitterten ein wenig vor dem schwierigen Thema. Es ging um den Heiligen Geist. Als der Abend vorüber war, konnte ich nur dankbar nach Hause gehen und sagen: So hätte ich es nicht hingekriegt. Die Mitarbeiter hatten ein kleines Theaterstück vorbereitet: „Was bin ich?" – Ein heiteres Beruferaten, Ehrengast war der Heilige Geist – hinter einem Vorhang. Dann haben sie uns angeleitet, an Tischen einige Kerntexte der Bibel über den Heiligen Geist zu lesen. Die Ergebnisse haben sie gesammelt. Eine Mitarbeiterin erzählte, wie sie den Heiligen Geist als Tröster in einer schwierigen Lage erlebt hat. Und noch einmal: Am Ende des Abends dachte ich nur: Gott sei Dank, dass sie es gewagt haben. Gott sei Dank, dass wir nicht einen Theologenvortrag hatten, sondern dieses bunte, lebensnahe Zeugnis über den Heiligen Geist.

2. In Beziehungen investieren

Wer personenorientiert führt und leitet, wird in Beziehungen investieren. Als man in Nordengland untersuchte, warum also 25 Gemeinden wachsen, während rundherum Hunderte von Gemeinden schrumpfen, stieß man auf sieben Merkmale wachsender Gemeinden. Mir ist heute nur eines besonders wichtig: Wachsende Gemeinden handeln beziehungs- und gemeinschaftsorientiert. Beziehung und Gemeinschaft sind ihr Geheimnis. Man

Jesus hatte in seinem Dienst glasklare Prioritäten, die sich in seiner Zeiteinteilung niederschlugen, und es waren stets Beziehungsprioritäten.

kann sie daran erkennen, dass sie ebenso gerne feiern wie arbeiten. Viele sind beteiligt. Sie können ihre Stärken einbringen und müssen nicht nur vorgegebene Rollen erfüllen. Sehr verschiedene Menschen finden Raum. So waren in einer Gemeinde zwei junge Männer mit Down-Syndrom im Begrüßungs- und Segnungsteam. Und viele, denen diese beiden Männer betend und segnend die Hände auflegten, waren davon berührt, wie genau sie mit ihren Worten ihre Lage trafen.

Und jetzt kommt ein Gedanke, den ich mir selbst immer wieder sagen muss: Beziehungen und Gemeinschaft sind ein Geheimnis gesunder Gemeinden. Jesus hatte in seinem Dienst glasklare Prioritäten, die sich in seiner Zeiteinteilung niederschlugen, und es waren stets Beziehungsprioritäten. Er hatte drei Prioritäten: Zeit mit dem Vater im Himmel, einsame Zeit, um Gemeinschaft mit dem Vater zu haben. Zeit für verlorene Menschen, Zeit also, um Kranke zu heilen, lange Gespräche zu führen und mit Zöllnern Partys zu feiern. Und schließlich: Zeit, um den Kreis seiner engsten Mitarbeiter zu pflegen, sie anzuleiten und zu fördern, also: sich um ihr persönliches Wachstum zu kümmern. Zeit aber auch, weil er einfach gerne mit ihnen zusammen war. Am Ende sagte er: „Mich hat herzlich verlangt, dies Passalamm mit euch zu essen." (Lk 22,15)

Wissen Sie, das heißt: Der andere Mensch in der Gemeinde liegt mir am Herzen, weil er mir zum Bruder oder zur Schwester geworden ist und nicht, weil wir für *unsere* Vision seine Arbeitskraft brauchen. Menschen spüren es, wenn sie nur benutzt werden. Und sie fragen stumm: Meinst du mich? Bist du an mir interessiert? Oder brauchst du nur meine Arbeitszeit? Ist es so, wird es schwierig. Teilen wir aber eine Vision und auch ein Stück unseres Lebens, dann werden sich Menschen gerne einbringen, auch mit Zeit, Kraft und Geld. Aber es ist wirklich der Stil, den die Führung und Leitung prägt. Und das ist nicht einfach, vor allem unter Druck, wenn so viel zu tun ist und so wenige anpacken. Es ist schwer, wenn Leiter mit dem Ärger kämpfen, dass sie so viel tun müssen, andere aber ihre Bequemlichkeit nicht opfern wollen. Es ist schwer, wenn die Ansprüche immer höher geschraubt werden. Es ist schwer, wenn Menschen sich partout nicht ändern wollen. Da ist es wirklich anspruchsvoll, zu führen und zu leiten. Aber genau das ist eben geistliche Leitung: Sie bewahrt die Gemeinde einerseits vor der Miefigkeit von Gruppen, die nur um sich selbst kreisen. Wir sind nicht für uns selbst da; wir sind dazu da, verlorene Menschen zu finden und in die Nähe Jesu zu bringen. Dazu sind wir da. Aber wir sind auch kein Betrieb, der Arbeitskraft gegen Lohn erwirbt. Wir sind Familie Gottes, Schwestern und Brüder. Unsere Mission ist eine Mission der Liebe, und deshalb können wir als lieblose Firma nie und nimmer eine missionarische Gemeinde sein.

3. Angesichts von Problemen führen

Wer sachorientiert führt und leitet, der wird die Vision lebendig erhalten, auch wenn es schwer wird. Und es wird schwer: Da gibt es Durststrecken. Mitarbeiter springen ab. Es geht oft über die Grenzen des Zumutbaren. Widerstand kommt auf, es gibt Gehässigkeiten, böse Worte, oft mitten aus der Welt der Frommen, Gegenwind aus der Kirche gegen das, was wir tun. Wie kann ich das überstehen? Kennen Sie das?

Kennen Sie das Stockdale-Paradox?[13] Jim Stockdale war der ranghöchste Gefangene des Vietcong im Kriegsgefangenenlager Hanoi Hilton. Er war 8 Jahre lang gefangen, von 1965–1973. Er wurde mehr als 20 Mal gefoltert. Ihm wurden alle Rechte eines Kriegsgefangenen vorenthalten. Er wusste nicht, ob er seine Familie je wiedersehen würde. Er übernahm unter den amerikanischen Gefangenen das Kommando. Er verletzte sich einmal selbst, um nicht in einem Propagandafilm als „ordentlich behandelter Häftling" mitspielen zu müssen. Er legte Regeln fest, wie die Gefangenen mit der Folter umgehen sollten. Er entwickelte ein Stufensystem, wann es Gefangenen erlaubt war, bestimmte Geheimnisse preiszugeben. Er entwickelte ein Kommunikationssystem im Lager, das auf Klopfzeichen basierte. Als Schweigen befohlen war, kehrten die Soldaten am dritten Jahrestag der Gefangennahme den Hof im Rhythmus dieses Klopfcodes: „We love you, Jim!"

Wie hat Stockdale das alles überstanden? Stockdale gibt zwei Antworten; eine, die wir vielleicht erwarten und eine überraschende. Die eine lautet: Ich habe nie daran gezweifelt, wieder freizukommen. Ich wusste, dass die Erfahrungen in diesem Lager zu einem Schlüsselerlebnis für mein ganzes Leben werden würden. Das war Antwort 1. Ein Interviewer hat daraufhin Stockdale gefragt, welche Soldaten es nicht überstanden haben. Und da kam Antwort 2: Die Optimisten! Warum? Weil die Optimisten immer sagten: Weihnachten sind wir zu Hause. Und dann kam es nicht so, und das hat sie auf Dauer fertiggemacht. Stockdale sagt: „Das ist eine ganz wichtige Lektion: Über dem Glauben an ein gutes Ende – an dem man immer

> *Wir brauchen den Glauben, dass unsere Vision sich am Ende erfüllt, weil Jesus treu ist. Aber wir müssen uns gleichzeitig der harten Gegenwart stellen und dürfen nichts schönreden.*

festhalten muss – darf man nicht vergessen, sich mit den brutalen Tatsachen der momentanen Situation auseinanderzusetzen, wie schlimm diese auch sein mögen."[14] Das heißt: Wir brauchen den Glauben, dass unsere Vision sich am Ende erfüllt, weil Jesus treu ist. Aber wir müssen uns gleichzeitig der harten Gegenwart stellen, jede Illusion, jeden falschen Wunschtraum verabschieden, nichts schönreden. Nicht die Anwesenheit von großen Problemen macht den Unterschied aus, sondern die Art und Weise, wie wir mit ihnen umgehen. Also: den Glauben nicht verlieren und zugleich die Augen nicht vor der Realität verschließen.

[Bei Josua können wir etwas Ähnliches lernen. Wir müssen dabei in die Zeit der Wüstenwanderung Israels zurückgehen. Josua und Kaleb versuchen, das verzagte Volk aufzurichten. Sie möchten dem Volk Mut machen, das sich vor den Riesen in des Gegners Land fürchtet. Der Josuareport in 4. Mose 13[15] zeigt, wie Josua mit Hoffnung und Nüchternheit Führung ausübte. Was tut Josua, um das Volk auf der Spur der Verheißungen zu halten? Was macht er? Er zeigt dem Volk erstens die „Frucht des Landes". Er malt ihnen vor Augen, wie gut es am Ziel sein wird, wenn die Gemeinde da ist, wohin sie nach Gottes Willen aufbrechen soll. Auch der Weg dorthin ist schon besser, als hier zu bleiben. Aber dann verschweigt er zweitens die Riesen nicht. Er spricht offen und nüchtern von den Problemen, die kommen werden, vom möglichen Widerstand, von den Risiken der Veränderung. Er sagt sich als ein guter Leiter: „Die Gemeinde könnte mir nicht mehr vertrauen, wenn ich sie darauf nicht auch vorbereitet hätte. Aber ich muss immer wieder den Blick darauf lenken, wie viel größer der Verlust wäre, wenn wir uns gar nicht erst aufmachten und das gute neue Land verfehlten!" Darum vergewissert er sie drittens, dass es gelingen wird. „Wir können es!", sagt auch Kaleb, „wir können es!" Das ist ein starkes und mutiges Wort. Die Mitarbeiter brauchen Ermutigung, das weiß ich doch von mir selbst. Man spürt Josua und Kaleb die Begeisterung ab: Das ist ihr Lebensthema. Sie sind mit heißem Herzen (und kühlem Kopf!) bei der Sache! Also unter dem Strich: Sie nehmen die Ängste der Mitarbeiter ernst, aber sie stärken den Mut zum Aufbruch und das Zutrauen zu Gott. Gott ist stärker als alle Riesen. Darum werden wir ankommen! Das ist Führung.][16]

Wie können wir geistlich führen und trotzdem überleben?

Jesus sieht auf der Straße einen Mann, der bitterlich weint, und fragt ihn: „Was ist los?" Da sagt der Mann: „Ich bin blind, Jesus, sag: Kannst du mir nicht helfen?" Und Jesus legt ihm die Hand auf und gibt ihm sein Augenlicht. Später kommt Jesus bei einer Frau vorbei, die am

Straßenrand sitzt und weint. Jesus fragt sie: „Was ist los?"
„Ach," sagt sie, „ich bin gelähmt. Kannst du mir helfen?"
Und Jesus zieht sie hoch und von einem Augenblick zum
nächsten kann sie wieder laufen. Da kommt Jesus zu einem Dritten, der am Weg steht und schluchzt. Jesus fragt
auch ihn: „Was hast du, was fehlt dir?" Der Mann sagt:
„Jesus, ich bin ein Pastor, kannst du auch mir helfen?"
Da seufzt Jesus, setzt sich zu dem Gemeindeleiter und
weint mit ihm.

Das ist nun wirklich ein „Willow-Thema": Bill Hybels
spricht hier von 360°-Leitung. Das Schwerste ist nicht,
andere zu leiten, sondern sich selbst zu leiten. Wer aber
andere führen und leiten soll, muss sich selbst führen und
leiten können.[17]

Sind wir Berufene oder Getriebene?

Gordon MacDonald fragt Führungskräfte und Leiter,
wie es in ihrer „inneren Welt" aussieht, genauer: ob sie
Berufene oder Getriebene sind. Auch das lenkt den Blick
zurück auf uns selbst. Getrieben von Ehrgeiz. Getrieben
vom Wunsch, Anerkennung zu finden. Getrieben von
der Sehnsucht, geliebt zu werden. Getrieben vom Zwang,
etwas zu sein und etwas vorzuweisen. Getriebene Menschen reiben sich in Positionskämpfen auf. Getriebene
Menschen benutzen andere. Von ihnen sagt man: „Es
ist schrecklich, mit ihm zu arbeiten, aber er hat Erfolg."
Der Teufel trägt Prada! Getriebene Menschen ärgern sich
oft mit vulkanischer Kraft: Ich ärgere mich, dass die Gemeinde nicht sieht, wie sehr ich mich anstrenge. Ich ärgere
mich über den Mitarbeiter, der sein Wochenende genießt,
während ich einfach weiterackere. Ich ärgere mich, dass
die Leute nicht so spuren, wie ich es will, der ich doch
das Beste für die Gemeinde im Sinn habe.[18]

Ich habe manchmal den Verdacht, das, was Gordon MacDonald hier aufzeichnet, ähnelt fatal gerade den Erfolgreichsten unter uns Gemeindeleitern. Wenn die zusammen sind nach Tagungen, wenn es zu Wein oder Bier geht, dann erzählen sie sich vom Getriebensein. Es ist geradezu ein Ausweis besonderer Bedeutung, die Merkmale des Getriebenseins wie Orden vor sich herzutragen. Wäre einer darunter, der froh berichtet, er komme mit seiner Zeit klar, sei gesund und spiele gerne abends eine Stunde mit seinen Kindern, er müsste sich schnell heftigen Ärgers erwehren. Unter Getriebenen hat der Gelassene keinen Raum. Wer getrieben ist, wird es schwer haben, ermutigend zu führen. Er wird dazu neigen, andere zu verplanen, vorwiegend ihre Kapazitäten zu schätzen und nicht sie selbst als Schwestern und Brüder. Darum ist dieses Thema für uns hier in Deutschland so wichtig. Gordon MacDonald spricht am Samstag über die Kraft zum Leiten auf der Langstrecke. Ich will das nicht vorwegnehmen, sondern nur ein Bild dafür am Ende etwas ausmalen.

Wer getrieben ist, wird es schwer haben, ermutigend zu führen. Er wird dazu neigen, andere zu verplanen, vorwiegend ihre Kapazitäten zu schätzen und nicht sie selbst als Schwestern und Brüder.

Ich glaube, die meisten von uns werden spüren, dass wir an dieser Stelle keinen Grund zur Vollmundigkeit haben. Unser Reformator Martin Luther hat unser Leben eine tägliche Buße genannt. An diese tägliche Buße werden wir als Führungskräfte erinnert. Ich selbst wurde in der Vorbereitung daran erinnert. Gerade in den Wochen vor diesem Kongress habe ich mich selbst so erlebt: getrieben von Outlook, gejagt vom E-Mail-Gewitter, mühsam beherrscht, wenn noch einer etwas wollte, darum ringend, es wenigstens die Familie nicht dauernd spüren zu lassen. Als ob mir Jesus sagen wollte: Rede nicht zu vollmundig über das Leben von Menschen, die Gemeinden führen und leiten. Aber wie sollte ich das auch, hier sind Menschen aus meiner Gemeinde im Raum, mit denen ich den Traum unseres Lebens vom Volk Gottes in Greifswald teile, und die mich kennen. Es war mir in der Vorbereitung, als wenn Jesus mir für diesen Nachmittag sagen wollte: Du, das könnt ihr nur in der Solidarität von Menschen anschauen, die ganz viel Gnade brauchen. Und es gibt oft keine glatten Lösungen nach dem Motto: „Man nehme…" und dann wird es schon! „Wir sind Bettler, das ist wahr", so lauteten Luthers letzte Worte.

Geistliche Führung als Marathonlauf

Ich schließe mit einem Bild. Für mich ist der Dienst einer Führungskraft wie ein Marathonlauf[19]: 42,195 Kilometer; ich finde, ein tolles Bild für den Dienst eines Menschen, der Gemeinde geistlich führt. Ein paar Vergleiche will ich am Ende noch anstellen. Vielleicht hilft es auch Ihnen.

1. Marathon ist ein Ausdauerlauf

Wer Marathon läuft, muss wissen: Das ist kein Sprint, sondern ein Ausdauerlauf, eine Langstrecke. Ich muss Respekt haben vor den Kilometern. Besonders die Kilometer 35, 36, 37, 38 und 39 haben es in sich. Wenn ich lossprinte wie ein Verrückter, werde ich keine Kraft haben für diese Kilometer. Marathonläufer sagen: „Bei Kilometer 35 steht der Mann mit dem Hammer und haut dich um." Dafür muss ich gewappnet sein. Ich muss mir meine Kräfte einteilen. Der Dienst der Führung ist kein Sprint, sondern ein Langstreckenlauf. Ich muss Respekt haben vor den Jahren. Ich möchte in der zweiten Hälfte meines Dienstlaufes noch dabei sein. Ich muss meine Kräfte einteilen. Im Dienstmarathon muss ich darum manchmal das Tempo drosseln, mir Erholung gönnen, mal einen halben Kilometer nur noch traben oder sogar gehen, um wieder Kraft zu sammeln. Ich brauche die Unterbrechung, den ungestörten Urlaub (ohne Handy und E-Mail, ohne Dienstpost und Fachliteratur) und den Sabbat, sonst werde ich das Ziel nicht erreichen.

2. Marathon braucht Training und Regeln

Wer Marathon läuft, muss wissen: Ich kann das nicht mal eben „versuchen". Es gibt dämliche Kneipenwetten, bei denen der Verlierer dann am nächsten Sonntag am Start steht. Oft liegt er zwei Stunden später im Krankenhaus. Ich muss mich vorbereiten, fit machen, lange, einsame Läufe im Wald überstehen. Ich muss mich richtig ernähren und den Umsatz der Brauerei senken. In der geistlichen Führung ist es genau dasselbe: Ich muss mich fit halten. Ich kann das nur mit ein paar Grenzaussagen verdeutlichen. Ich selbst habe einiges an Verantwortung in der Uni und unserer Gemeinde. Das geht nicht in 40 Stunden. Dazu macht es auch zu viel Spaß! Aber damit es nicht 80 Stunden werden, gibt es ein paar Grenzen, die ich versuche durchzuhalten:

(a) Ich brauche Zeit, beste, Premium-Zeit an möglichst jedem Tag, um auf Jesus zu hören und mit ihm mein Leben und meinen Dienst durchzusprechen. Nicht Restzeit, Premium-Zeit. Nicht Pflichtzeit, sondern Zeit, in der mich Jesus wieder stark macht und mir den Blick hebt auf sich und seine Verheißungen. Darum: Premium-Zeit, nicht Restzeit.

(b) Ich brauche Zeit für meine Familie. Ich will nicht dauernd anderen dienen und die Menschen, mit denen

Gott mich am engsten verbindet, dauernd enttäuschen. Jahrelang habe ich das getan. Und plötzlich waren unsere älteren Kinder groß. Sie haben einfach nicht mit dem Großwerden gewartet, bis ich Zeit fand. Jetzt sage ich es jüngeren Leitern, wo ich es kann: Auch eure Kinder warten nicht mit dem Großwerden, bis ihr Zeitlücken für sie habt. Eines Tages fragen sie nicht mehr, ob Papa Zeit hat. Verpasst es nicht!

(c) Und ich brauche Zeit, um fit zu bleiben und zu laufen.

(d) Ebenso ist es mit unseren Ehen: Liebe Gemeindeleiter, ich könnte depressiv werden, wenn ich mir anschaue, welches Zeugnis wir abgeben, wenn wir unsere Ehen nicht pflegen, sondern verkommen lassen. Ich werde jetzt ein bisschen steil: Unsere Ehen sind der Schwachpunkt, den der Teufel am liebsten attackiert, um uns aus dem Rennen zu werfen. Paulus wusste das schon: Er schreibt den Thessalonichern (1.Thess 4.1-8), sie sollten sich mühen, ihre Ehepartner zu gewinnen. Er meinte dabei nicht: vor den Traualtar zerren und das war es dann! Er meinte: Ringe um deinen Liebsten, deine Liebste, immer wieder. Du hast ihn nicht, du kannst ihn nie haben, sondern nur gewinnen, und das kostet Einsatz, Einsatz von Offenheit, Gefühl und Fantasie. Lass deinen Partner spüren, was er dir bedeutet. Ich habe für meinen Geschmack zu viele Ehen von christlichem Führungspersonal vor die Hunde gehen sehen. Deshalb sage ich das so hart! Also: Zeit für Jesus, für meine Familie und für Sport; so versuche ich es.

(e) Vielleicht Zeit für einige ganz wenige gute Freunde und Weggenossen. Ein bisschen Zeit für Werder Bremen! Ansonsten ist es oft ein mönchisches Leben, aber es ist ein mönchisches Leben für die spannendste Aufgabe: Gibt es etwas Besseres, als mit Jesus Gemeinde zu bauen? Ich kenne nichts!

3. Marathonläufer brauchen Ermutigung von Zuschauern

Ich brauche Cheerleader: Beim Marathon sind die Zuschauer unersetzbar. In Münster trägt jeder Läufer ein Schild mit seinem Namen, und die Zuschauer an der Strecke feuern die Läufer an. Das ist toll: Als ich kurz vor dem Koma bei Kilometer 37 über den Asphalt wankte, waren es junge Leute an der Strecke: „Michael, du schaffst es!" Wenn ich die sehe, gebe ich meiner Muskulatur sowieso den Befehl: Achtung, fitte junge Leute auf 21 Uhr, zusammenreißen, jetzt bloß nicht blamieren. Als ich für einen Marathon trainierte, hatte ich einen 35-Kilometer-Lauf zu absolvieren. Bei Kilometer 31 war ich ziemlich fertig. Plötzlich tauchte weit vor mir im Wald eine Gestalt auf. Ich konnte sie nicht erkennen, dachte schon, jetzt nicht noch Herrchen und Hund mit der Botschaft „Der tut nichts; der will doch nur fressen!" Aber es war meine Tochter Wiebke, die mir mit dem Fahrrad entgegenkam, um mich auf den letzten Kilometern zu begleiten. Was kriegte ich da für eine neue Kraft!!! – Und so ist das auch: Bin ich einsam,

Ich möchte euch Führungskräften in der Gemeinde das zurufen: Lasst euch nicht auseinanderbringen. Ihr müsst füreinander Cheerleader sein, euch anspornen, euch durchtragen, wenn ihr müde werdet.

immer für andere verantwortlich, dann werde ich mürbe, dann lasse ich nach. Nelson Mandela schreibt in seiner Biografie: Der größte Fehler des Apartheid-Regimes war es, die politischen Gefangenen nicht zu trennen, sondern zusammenzulassen. So konnten sie sich immer wieder ermutigen. Ich möchte euch Führungskräften in der Gemeinde das zurufen: Lasst euch nicht auseinanderbringen. Ihr müsst füreinander Cheerleader sein, euch anspornen, euch durchtragen, wenn ihr müde werdet. Achtet aufeinander. Ihr Ältesten auf euren Pastor, ihr Pastoren auf die Ältesten und Mitarbeiter. Wenn wir uns im Dienst näher kommen, ärgern wir uns übereinander. Wir reiben uns aneinander. Der andere ist mein Bruder, aber bei Brüdern lockt die Kainsstrategie: Gib ihm eins auf den Deckel, bis er ruhig ist. Liebe Leiter, achtet darauf, dass ihr dem nicht Raum gebt, sondern einander vergebt und ertragt und das Gespräch sucht, Unklares klärt, nicht einfach schluckt, sondern klärt. Nerven euch andere manchmal? Mich auch, macht nichts! Wir müssen das nicht fromm zukleistern. Aber es auch nicht laufen lassen! Achtet darauf, dass ihr auch miteinander feiert. Das ist aber schon der nächste Punkt:

4. Marathonläufer müssen Etappensiege feiern

Ich mache das im Training so: Bei Kilometer 23 sage ich mir laut: Oh, du Glücklicher. Bei Kilometer 26 an der nächsten Kehre darfst du das Apfelschorlefest feiern. Du bist beneidenswert: Noch ein paar Kilometerchen und du schraubst die Flasche auf und genießt den Apfelsaft. Es gibt nichts Schöneres auf Erden. Noch zwei Kilometer bis zum Apfelschorlefest, noch einer, jetzt ist es soweit: Party! Showtime! Manchmal denke ich im Wald: Wenn dich jetzt deine Studenten sähen, ja, hörten! Aber es hilft: Ich feiere Etappensiege. Ich glaube, dass das auch der Gemeinde und uns in der Führung der Gemeinde enorm hilft: Wenn ein Etappenziel erreicht ist, wird gefeiert. Dann freuen wir uns an gutem Lammbraten und Rotwein, meinetwegen auch Grünkohl mit Pinkel, bloß nicht Tofu und Kamillentee. Bei uns nach jedem GreifBar-Gottesdienst:

Pizza-Party! Der Glaubenskurs ist vorüber – jetzt wird gefeiert. Das Gemeindejahr endet – wir machen Party. Wir haben drei Jahre auf unserem neuen Weg geschafft – das ist doch Grund für ein schönes Fest. Zwei Menschen wurden getauft – auch wir Mitarbeiter feiern. Das gibt Kraft und macht Lust für die nächste Etappe.

5. Marathonläufer müssen ihre Zweifel bekämpfen

Schließlich: Wer Marathon läuft, muss auf sein Denken aufpassen: Der Zweifel überfällt den Läufer unterwegs. Oft geht es so: Wenn der Startschuss fällt, laufe ich begeistert los. Getragen vom Applaus der Zuschauer laufe ich die ersten 5 Kilometer wie auf Wolken. Dummerweise gibt es auch noch die nächsten 37 Kilometer. Etwa bei Kilometer 15 fange ich an zu denken. Müsste jetzt nicht gleich Kilometer 17 kommen? Wie, erst 16? Ob ich das schaffe? Werde ich ankommen? Bei Kilometer 25 wächst der Zweifel und fängt an zu nagen. Ab Kilometer 30 stellt sich die Sinnfrage. Ich möchte mich eigentlich nur noch in den Graben werfen und heulen. Andere Leute sitzen jetzt froh und fett bei McDonalds und du quälst dich hier rum. Der Zweifel schwächt. Und es gibt einen Zusammenhang zwischen meinen Gedanken und inneren Gesprächen und der Wahrscheinlichkeit, ob ich ankomme oder nicht. Es gibt einen engen Zusammenhang. Für Menschen, die Gemeinde führen und leiten, gilt das ebenso. Wenn es schwer wird nach der ersten Begeisterung, dann kommen die Zweifel. In den Mühen der Ebene wird es dann richtig hart: Und wenn es das jetzt auch nicht ist? Wenn diese Willow-

Hebe den Blick: Was haben wir nicht schon mit Jesus erlebt! Wie oft hat er uns staunen lassen. Und: Ich denke an die Freude, wie es sein wird, über die Ziellinie zu laufen.

Geschichte auch nur eine weitere Seifenblase ist? Was hilft dagegen? Beim Laufen hilft mir zweierlei: Ich denke an die Kilometer, die hinter mir liegen, die ich schon geschafft habe. Hebe den Blick: Was haben wir nicht schon mit Jesus erlebt! Wie oft hat er uns staunen lassen. Und: Ich denke an die Freude, wie es sein wird, über die Ziellinie zu laufen. Beim Marathon in Münster ist es dann fast wie im Himmel: Man liegt auf dem Domplatz, schaut in den blauen Himmel, hört die Glocken und wird von zwei reizenden Physiotherapeutinnen durchgeknetet. Das ist es doch wert, das will ich nicht verpassen. Wenn wir bei Jesus sein werden, sitzen wir an der großen Festtafel: Und Menschen sitzen neben uns, die mit uns unterwegs waren. Wir feiern dann in Gottes Gegenwart mit unseren Schwestern und Brüdern. Der Kampf ist vorüber. Wir erzählen uns, wie wir ein Leben teilten, wie es trotz allem besser nicht geht. Wir schauen in die Gesichter von Menschen, die ohne den Dienst der Gemeinde gar nicht hier säßen. Wir schauen in die Augen Jesu und er nickt uns zu, als wollte er sagen: Das war es doch wert, oder?

Genug für heute. Am 9. November sagen wir: Führung macht starke Christen und gesunde Gemeinden. Dazu müssen wir die Pastorenkirche hinter uns lassen. Wir brauchen vor allem den Blick auf Jesus und seine Verheißungen. Wir müssen Führung als Ermächtigung durchbuchstabieren. Wir brauchen Strategien zum Überleben auf dem Dienstmarathon. „Dieser Weg wird kein leichter sein." Aber: Etwas Besseres gibt es nicht, als wenn die Gemeinde plötzlich wieder ganz frisch und jung erscheint. Oder?

Wachsende Gemeinde in nachkirchlicher Zeit

*Willow-Creek-Kongress in Braunschweig:
„Evangelisation mit Zuversicht"
11. 11. 2005*

Einleitung

Auf dem Büffet der Cafeteria stand eine große Schale mit großen roten, saftigen Äpfeln. Die Cafeteria gehörte zu einer katholischen Schule und die Nonne hatte ein Schild an die Schale gestellt; darauf stand: „Bitte nimm nur einen Apfel und denk daran: Gott schaut zu." Auf der anderen Seite des Büffets stand ein zweiter Teller mit frischgebackenen Chocolate Chip Cookies, die waren noch warm vom Backen. Auch da fand sich bald ein Schild, aber in einer krakeligen Kinderschrift: „Nimm so viele, wie du willst, Gott passt gerade auf die Äpfel auf." Kindermund tut Wahrheit kund. Gott ist gerade beschäftigt; er muss so sehr ein Auge auf die Äpfel haben, dass er sich leider nicht um die Cookies kümmern kann. Schade!

Ist es das, was wir manchmal fühlen: Gott ist leider zurzeit an anderer Stelle gefordert? Er kümmert sich darum, dass in China Menschen zum Glauben finden und diese gepeinigte Kirche wächst und wächst. Er ist damit beschäftigt, in Zentraltansania Mission so erfolgreich zu betreiben, dass die Politiker sagen: „Bitte mehr, mehr Mission, es verändert die Menschen und die Verhältnisse zum Guten. Wo ihr hinkommt, da wird es besser." Und er hat alle Hände voll zu tun, dass Gemeinden wie Willow Creek ein leuchtendes Bild davon sind, wie Gemeinde auch sein kann. Gott ist beschäftigt, nur bei uns nicht?

Das ist das Thema, und ich gebe zu, es ist ein bisschen rau für den frühen Freitagmorgen. Aber ich möchte nicht mit dem rauen Klima für den christlichen Glauben in Deutschland beginnen. Ich möchte etwas anderes tun: Ich beginne mit der Vision, dem Traum von der wachsenden Gemeinde: Die Vision neu ergreifen. Dann spreche ich, aber nur so lange wie nötig, darüber, *warum* es bei uns so schwierig ist: Mit Enttäuschungen leben. Und am Ende will ich Hinweise geben, wie Schritte zur Erneuerung der Gemeinde aussehen können: Zielorientierte Schritte wagen. Das haben Sie nun davon, ein deutscher Referent, und schon gibt es einen Vortrag mit drei Punkten!

Die Vision neu ergreifen

Beispiel Frauenkirche

Ich weiß nicht, ob Sie auch vor dem Fernseher gesessen haben, als in Dresden die Frauenkirche wieder eingeweiht wurde: die Frauenkirche, in den letzten Tagen des Zweiten Weltkriegs zerstört, ein Symbol für Krieg und Zerstörung. Aber jetzt ist sie ein Symbol für Hoffnung und Versöhnung. Es waren einzelne Menschen, noch vor der Wende, die den Traum vom Wiederaufbau dieser großartigen Kirche träumten. Man hat sie für verrückt erklärt. Wo sollten 180 Millionen Euro herkommen? Wer sollte den Mut und die Ausdauer aufbringen, dieses gewaltige Werk zu vollenden? Der Dramatiker Gerhard Hauptmann hatte 1945 schon gesagt: „Wer das Weinen verlernt hat, der lernt es wieder beim Untergang Dresdens."

Aber die Frauenkirche steht. In ihr sind die alten Steine verbaut, dunkel wie Narben ragen sie hervor. Aber sie steht. Der Baumeister Eberhard Burger hat immer wieder betont: Es ist ein Haus zur Ehre Gottes, ein Haus für Gottesdienste. Die Frauenkirche, zuerst nur ein waghalsiger Traum, steht – für jeden sichtbar, mitten in Dresden. Und Bundespräsident Köhler hat das Wort Gerhard Hauptmanns weiterentwickelt: „Wer das Weinen verlernt hatte, hat es 1945 wieder erlernt. Aber wer die Zuversicht verloren hat, der gewinnt sie wieder beim Anblick der wiedererstandenen Frauenkirche."

Wir müssen etwas genauer hinschauen: Bei der Enttrümmerung des Geländes 1993 gab es einen bewegenden Moment. Man fand und barg das alte Kuppelkreuz der Frauenkirche. Es war demoliert, verbeult, gezeichnet – aber nicht zerstört. Es kam aus den Trümmern heraus – und war doch immer noch das Zeichen des Gekreuzigten und Auferstandenen. Wir könnten uns in aller Freude böse irren, wenn wir unsere Zuversicht an der falschen Stelle festmachen. Es ist Jesus, der nicht kaputt zu kriegen ist. Es ist der Gekreuzigte, der mit seiner Gemeinde auch durch diese Zeiten hindurchgeht. Es ist der Auferstandene, der am Ende siegt. Darum geht es hier und heute. Es ist sinnvoll, von einer wachsenden Gemeinde zu träumen, die sich – vielleicht aus Schutt und Trümmern – neu erhebt. Es ist sinnvoll, den Traum von einer lebendigen Gemeinde nicht aufzugeben, dafür zu beten und zu arbeiten, unser bisschen Geld einzusetzen und unsere Kraft zu investieren. Weil der Gekreuzigte lebt, gibt es kein Umsonst in seinem Dienst. Das wusste schon Paulus: Es ist nicht umsonst, es frustriert nicht, was wir mit dem Auferstandenen und für ihn tun.

> *Es ist sinnvoll, von einer wachsenden Gemeinde zu träumen, die sich – vielleicht aus Schutt und Trümmern – neu erhebt.*

Sehen – träumen – planen – arbeiten

Wir müssen uns die Sache mit der Vision aber noch etwas genauer anschauen: Was ist eine Vision und was könnte unsere Vision sein?

Ich bleibe noch einen Moment bei der Frauenkirche. Die Vision geht aus von dem, was ist, aber bleibt nicht dabei stehen. Sie geht weiter zu dem, was sein könnte, und dann macht sie sich geduldig an die Arbeit, bis das wirklich ist, was noch nicht ist. Um diese vier Schritte geht es: Sehen – träumen – planen – arbeiten. Wenn wir nicht sehen, wo wir sind, träumen wir vielleicht Illusionen hinterher. Wenn wir nicht träumen, erdrückt uns, was ist. Wenn wir nicht planen und arbeiten, dann verträumen wir unser Leben, anstatt unseren Traum zu leben. Aber der gekreuzigte Jesus lebt, darum ist es sinnvoll zu sehen, zu träumen, zu planen und zu arbeiten.

Wer so träumt, der wird eben nicht mehr von der Wirklichkeit erdrückt. Wir erleben zurzeit in unseren Kirchen auch einen Traumnotstand. Die schlimmen Zahlen drücken uns nieder. Aber was zieht uns wieder nach oben? Viele wagen es ja nicht mehr, so zu träumen, wie Gott träumt: Gott aber träumt von wachsenden, liebevollen, lebendigen Gemeinden. Wer von Gott erfüllte Träume träumt, der steht auf, fasst Mut, arbeitet und hält auch Krisen und Niederlagen aus. Aber das alles ist nur deshalb sinnvoll, weil Jesus sich nicht in die Knie zwingen lässt. Er ist nicht andernorts so beschäftigt, dass unser armes Land ihn nicht kümmert. Jesus hat ein Herz für unser armes Land, das ist gewiss.

Wir machen das übrigens auch sonst in unserem Leben so. Wir sehen vor unserem inneren Auge, was eines Tages sein wird. Eines Tages werde ich am Traualtar stehen und das Mädchen meiner Träume heiraten. Eines Tages werde ich aufgerufen und bekomme den Meisterbrief ausgehändigt. Eines Tages halte ich so ein zauberhaftes kleines Wesen im Arm. Eines Tages gehe ich mit meiner hübschen Tochter ins Café. Eines Tages steht sie vor mir und ruft: „Hey, Alter, gib mir mal die Autoschlüssel!" Eines Tages ... das kann uns motivieren, sortiert, was wichtig ist und was nicht, das lässt uns durchhalten, denn: Eines Tages ...

Freilich sprechen wir hier nicht von irgendwelchen Träumen. Wir sind auch hier in der norddeutschen Tiefebene viel zu vernünftig und wissen, dass Träume platzen. Wir ahnen vielleicht auch schon, dass nicht alle Träume, die wir so träumen, von Gott mitgeträumt werden. Ich träume davon, die Spielbank zu sprengen – das endet meist im Bankrott. Und für unsere Gemeindeträume gilt das ebenso: Ich träume von der schönen Gemeinschaft, in der wir so richtig gemütlich unter uns bleiben. Das ist kein Traum Gottes. Ich träume, dass die Menschen mir nach der Predigt gerührt in die Augen sehen und sich mit Tränen in den Augen bedanken. Nein, unsere Träume müssen schon gotterfüllte Träume sein. Sie müssen in den Verheißungen Gottes gegründet sein.

Unsere Träume müssen in den Verheißungen Gottes gegründet sein.

Gottes Träume träumen

Die Verheißungen Gottes sagen uns, wovon Gott träumt. Er träumt davon, dass verlorene Menschen gefunden werden. Er träumt davon, dass das Verwundete geheilt wird und dass der Einsame Gemeinschaft findet. Er wünscht sich, dass Menschen, die versagt haben, neu anfangen dürfen. Er träumt von einer Gemeinde, die nicht hinter verschlossenen Türen bleibt, sondern aufbricht, hingeht, hinaus, um Menschen zu suchen und zu gewinnen. Er träumt von einer Gemeinde, in der Aufrichtigkeit und Verlässlichkeit, Fürsorge und Freiheit das Klima weit und klar machen. Er träumt von einer Gemeinde, die ein Signal der Hoffnung ist für den Ort, an dem sie lebt. Er träumt

Jesus hat kein Buch geschrieben, aber er hat viel Zeit und Energie investiert, um eine Gemeinschaft von Menschen zu formen.

von einer Gemeinde, die sich mit den Fröhlichen freut, mit den Traurigen weint und für die Bedürftigen sorgt. Er träumt von einer Gemeinde, die nicht wie eine obere Religionsbehörde den lieben Gott verwaltet, sondern die wie ein Gasthaus Menschen offen steht und sie spüren: Hier bin ich willkommen, kann aufatmen und es wird besser mit mir. Er träumt von einer Gemeinde, in der Menschen sich heilsam verändern. Und immer wieder, vor allem anderen, träumt Gott den Traum, der ihm ins Herz sticht, den Traum, dass doch noch mehr verlorene Töchter und Söhne heimkehren. Evangelisation, da geht es um die Gemeinde, die sich um Gottes Traum kümmert: dass verlorene Menschen nach Hause geliebt werden. Nach Hause geliebt, nicht nach Hause getrieben. Das sind Gottes Träume, und wenn wir sie mitträumen, werden wir Mut bekommen, Mut wie die, die von der neu erstandenen Frauenkirche träumten.

Mich bewegt immer wieder die Geschichte von Dr. Belezikian, der seinen Studenten der Theologie den Traum aus Apostelgeschichte 2 nahebringen wollte, bis eines Tages dieser Traum zündete, in Kopf und Herz eines jungen Mannes, der als Sohn eines Obst- und Gemüsegroßhändlers alles Mögliche hätte machen können, aber dann sein Leben dem Traum Gottes verschrieb. Bill Hybels schrieb Jahre später sein persönliches Credo auf, das, was er glaubt: Die Ortsgemeinde, so sagt er, ist die Hoffnung der Welt. Hier ist die Botschaft, die aus verlorenen und gottfernen Menschen Nachfolger Christi macht. Hier ist die Kraft, die aus zerbrochenen Lebensgeschichten etwas Neues macht. Hier ist der Raum, wo sich Gottes Gaben zu einem wunderschönen Mosaik zur Ehre Gottes zusammenfügen.

Gemeinde als Übersetzerin des Evangeliums

Ich will diesen Satz von der Ortsgemeinde als Hoffnung der Welt noch einmal von einer anderen Seite beleuchten: Der englische Missionar, Theologe und Bischof Leslie Newbigin hat einmal gefragt, wie eigentlich das Evangelium in die Welt der Menschen hinein übersetzt wird, sodass sie es verstehen, ergreifen und davon verändert werden. Und er hat gesagt: Die Gemeinde ist die Übersetzerin und Verständlich-Macherin des Evangeliums. Die Gemeinde, sagt er. Ich kann es auch andersherum und etwas drastischer sagen: Jesus hat kein Buch geschrieben, das ist eine bittere Pille für Professoren. Jesus hat kein Buch geschrieben, als er mit dem Vater und dem Geist zusammensaß und nachdachte, wie das wohl gehen kann mit der Versöhnung der Welt. Kein Buch, keine kirchliche Verlautbarung, keine Pressekonferenz. Stattdessen kam er selbst. Er neigte sich herab zu uns Menschen und beugte sich hinein in Freud und Leid unseres Lebens. Und so, so und nicht anders, sollte es weitergehen. Er hat kein Buch geschrieben, aber er hat viel Zeit und Energie investiert, um eine Gemeinschaft von Menschen zu formen. Er hat sie zusammengerufen, unterwiesen, korrigiert, getröstet, ruhen lassen, ausgesandt und bevollmächtigt. Warum? Damit diese Gemeinde tut, was er tat. Sich hineinbegeben in Freud und Leid von Menschen, um sie zu gewinnen. Die Gemeinde ist die Übersetzerin des Evangeliums. Eine solche Gemeinde neu zu bauen, ist ein gotterfüllter, ein jesusbewegter und ein geistvoller Traum.

Ich will es noch ein bisschen konkreter machen, am Beispiel einer aktuellen Debatte, der Debatte über unseren Umgang mit Sterben und Tod. Mancher meint, dass man doch besser dem Arzt auch die tödliche Spritze in die Hand geben soll. Sie haben das vielleicht etwas mitverfolgt. Was tut die Kirche? Sie schreibt ein kluges Papier und veröffentlicht es in den Zirkeln der Experten. Das ist gut. Sie gibt Interviews, warnt, mahnt, informiert. Auch das ist gut. Ich sage nichts dagegen. Aber dann braucht es nur *eine* gut gemachte Talkshow, zum Beispiel bei Maischberger, und da erzählt ein prominenter Mensch unter Tränen, wie elendig sein Lebenspartner oder sein Kind sterben musste, und wie gut es doch gewesen wäre, ihm das zu ersparen. Und wissen Sie, das schlägt sich noch Wochen später in den Meinungsumfragen nieder, und die Menschen sagen: Ja, das sollte man auch in Deutschland anders regeln. Und jetzt Leslie Newbigin: „Die Gemeinde ist die Übersetzerin des Evangeliums." Wie das? Was Menschen wirklich anrührt und überrascht und zum Nachdenken bringt, ist das Leben von überraschenden Menschen. Mission ist die Kirche als Überraschung. Man erwartet sie da so gar nicht. Und dann kümmert sich eine Gemeinde um schwerstkranke und sterbende Menschen. Sie tut es aus der Liebe zu Jesus. Sie pflegt, sie begleitet, sie schafft Raum, sie ermöglicht ein Sterben in Würde in einem Hospiz. Und man weiß, dort wird den Sterbenden die Hand gehalten, dort wird auch gebetet, gesungen und gesegnet. Und so leuchtet im Leben der Gemeinde auf, was das Evangelium sein will: Kraft Gottes zum Leben und zum Sterben, Hoffnung auf die Ewigkeit. Und das bewegt und ist stark genug, eine christliche Überzeugung vom Sterben in einer heidnisch werdenden Gesellschaft neu zum Leuchten zu bringen. Jesus hat kein Buch geschrieben, er hat eine Gemeinschaft geformt. Die Ortsgemeinde ist die Hoffnung der Welt. Darum geht es.

Ich habe eines gelernt: Es lohnt sich, für diesen Traum zu leben. Ich bin nicht alleine hier, sondern mit einer Gruppe von Christen aus Greifswald. Zusammen träumen wir den Traum einer lebendigen und wachsenden Gemeinde in Greifswald, mitten in einem atheistischen Umfeld. Über unsere Gegend sagte schon vor über 100 Jahren ein pommerscher Pfarrer: „Dieses Land ist ein geistliches Trümmerfeld." Uns aber bewegt nichts so sehr wie dieser Traum: Gerade hier wird der Auferstandene aus Trümmern heraus Gemeinden erstehen lassen. Unser Projekt mitten in Greifswald heißt GreifBar. Gottesdienste für Kirchenferne, seit gut einem Jahr dazu auch Gemeindegottesdienste, Glaubenskurse, Hauskreise, ein Diakonieteam, eine Band. Es ist nicht spektakulär, aber wir haben in diesem Jahr 7 Erwachsene getauft. Und 7 Mal habe ich in die Augen der Mitarbeiter geschaut. 7 Mal habe ich in ihren Augen gesehen: Dafür lohnt sich alles. Menschen erzählen unter Tränen, wo sie herkommen und was sie gefunden haben, als sie Jesus fanden. Und wir: Dafür sind wir in dieser Stadt. Hundemüde und tiefglücklich sind wir oft nach unseren Gottesdiensten. Ein Traum von Gemeinde.

Ich erzähle davon, damit Sie sehen, dass hier kein Schreibtischtäter vor Ihnen steht. Ich schreibe anders als Jesus auch Bücher, aber keine Angst, das wird kein Werbeblock. Was uns motiviert, ist eine Vision, die sich uns wieder und wieder in Kopf und Herz gepflanzt hat. Paulus hat in einer dunklen Stunde seines Dienstes in Korinth diese Vision von Jesus selbst empfangen (Apg 18,9 f): „Fürchte dich nicht, sondern rede und schweige nicht! Denn ich bin mit dir, und niemand soll sich unterstehen, dir zu schaden; denn ich habe ein großes Volk in dieser Stadt." Für Paulus war noch nichts zu sehen in Korinth, aber Jesus gewährt ihm einen Blick auf das, was er schon sieht: ein großes Volk Gottes in dieser gottlosen Stadt, die berühmt war für ihre Dekadenz. Und Paulus soll predigen und die Gemeinde sammeln und aufbauen. Und Jesus wird auf geheimnisvolle Weise durch das, was Paulus tut, sein Volk in Korinth zusammenführen. Wir haben dieses Wort so oft gehört, dass wir überzeugt sind: Das ist nicht Vergangenheit. Jesus ruft sein Volk zusammen, auch in Greifswald. Mit dieser Vision leben und arbeiten wir. Heute sitzen einige hier in der Halle, die zum Volk Jesu gehören, und die noch vor gar nicht so langer Zeit nichts davon ahnten. Jesus hat uns zusammengebracht, und das ist das Größte, was wir erleben können.

Damit bin ich auch bei meinem zweiten Teil:

Mit Enttäuschungen leben

Zwischen Begeisterung und Depression

Nun ist mir ein gefährliches Thema anvertraut worden. Ich soll auch etwas sagen zu den Enttäuschungen. Zum Scheitern. Ich soll etwas sagen zu den Verzagten, die schon so viel versucht haben, und es ging nicht. So manches Bemühen um eine wachsende Gemeinde schwankt zwischen Euphorie und Depression. Wir fahren zu einem Kongress und lassen uns begeistern von Jesus und von den ermutigenden Erfahrungen, die zum Beispiel seit 30 Jahren in Willow Creek möglich sind. Und dann fahren wir mit den besten Absichten nach Hause. Ein erster Dämpfer kommt schon durch die, denen wir begeistert erzählen, und die dann nur Bedenken haben, gegen das Amerikanische und überhaupt. Und dann versuchen wir es doch, aber es ist so mühsam. Und die Ergebnisse sind so bescheiden. Was bei uns dann geht, ist so viel kleiner und ärmer als die leuchtenden Vorbilder im In- und Ausland. Man muss uns nicht mehr beibringen, dass Evangelisation wichtig ist, aber wir sähen so gerne mehr von der großen Frucht, die das Gleichnis vom Sämann uns ansagt (Mk 4,1-9). Aber aufs Ganze sehen wir mehr Gemeindeabbau als Gemeindeaufbau. Unsere Kirchen beschäftigen uns auch mehr mit den Abbau-Maßnahmen als mit dem Wachstum der Gemeinden. Ist es nicht so? Und das tut so weh. Wir schwanken zwischen Euphorie und Depression.

Gespaltene Kultur: Ost und West

Und gehen wir dann vor die Türen unserer Gemeinden, dann sehen wir, dass wir in einem schwierigen Umfeld leben. Wir leben in einer anderen religiösen Kultur als unsere Gäste aus Amerika. Diese Kultur ist obendrein gespalten, in Ost und West:

Ein paar Kilometer östlich von Braunschweig beginnt die ostdeutsche Wirklichkeit. In Magdeburg etwa sind weniger als 10 % der Menschen Kirchenmitglieder. Wir haben uns in Greifswald etwas genauer mit einigen Neubau- oder Plattenbaugebieten befasst: unter 5 % Kirchenmitglieder. Wir können an einzelnen Familien sehen, wie es ging, zum Beispiel so:

↪ Großvater Hans war noch in der Kirche, aber in den 50er-Jahren ist er ausgetreten, vielleicht weil er zur NVA kam, vielleicht weil er sonst nicht Lehrer hätte werden können. Aber er war noch getauft und konfirmiert, hatte noch ein paar Grundkenntnisse vom Glauben. Doch dann hat er Gott vergessen. Heute ist er alt, und vielleicht fragt er sich: Gibt es ein Zurück – trotz allem?

➲ Vater Stefan lebte sein Leben weitgehend in der DDR. Er war Thälmann-Pionier, dann in der FDJ. Das hieß: Jugendweihe statt Konfirmation. Kirche kam in seinem Leben nicht mehr vor. Vielleicht bekam er noch ein bisschen mit durch die Mutter oder Großmutter, aber viel war es nicht. Man hat ihm in der Schule beigebracht, dass der Glaube sich nicht mit einem wissenschaftlichen Weltbild vereinbaren lässt. Es ist für ihn selbstverständlich, nicht in der Kirche zu sein. Auffällig sind die, die in der Kirche sind. Als er einmal eine große Kirche betritt, wundert er sich: „Die ist ja noch in Betrieb." Er wusste nicht, dass es das noch gibt. Die Symbole sagen ihm nichts. Er denkt nicht an Gott. Ihm fehlt auch nichts. Er hat vergessen, dass er Gott vergessen hat.

➲ Und Enkel Meik? Er gehört zur dritten Generation: Für das Christliche hat er nicht einmal mehr Worte. Er ist noch in der DDR geboren, aber nach der Wende groß geworden. Er hat nichts gegen die Kirche, aber er sieht überhaupt keinen Anlass, sich damit zu beschäftigen. Er lebt im Diesseits, hofft auf das Diesseits, leidet unter dem Diesseits und ist sich sicher, es gibt nicht mehr als das Diesseits. Ob Meik selbst wieder Kinder haben wird, ist unsicher. Vielleicht geht Meik in den Westen, wo es Arbeit geben könnte. Daran, dass er religiös völlig unmusikalisch ist, wird das nicht viel ändern.

Man hat schon gesagt: Westeuropa sei ein religiöses Katastrophengebiet, aber Ostdeutschland sei dessen Epizentrum. Kurzum: Ostdeutschland ist so atheistisch wie

Bayern katholisch! Auch die Freikirchen haben es hier übrigens schwer. Irgendwie ist der normale Ostdeutsche resistent, wenn es um Religion geht. Die Kirchen im Osten werden auch weiter schrumpfen, denn zu viele gehen weg, zu wenige werden geboren. Und „Kinder, die nicht geboren werden, können wir auch nicht taufen" (Axel Noack). Wir werden in absoluten Zahlen abnehmen.

Hier in Braunschweig und westlich von dieser sympathischen Zweitliga-Stadt sieht es anders aus. Hier ist die Lage viel unübersichtlicher. Da gibt es Gegenden, in denen ist Kirche noch intakt. Die Mehrheit der Menschen gehört dazu, mehr oder weniger, meist weniger als mehr. Oft haben wir zwar angeblich 3000 Seelen, aber es kommen nur 30 Leiber sonntags zusammen. Und etliche sind fast so säkular gestimmt wie die Menschen im Osten. Auch bei der Generation der 68er könnte man Geschichten erzählen, vielleicht von Rudi, Joschka und Lisa, die aus anderen Gründen bei ihrem Gewohnheitsatheismus enden. Daneben aber gibt es Menschen, die suchen nach dem Geistlichen, die fragen nach Sinn und sinnlichem Glauben, nur fragen sie überall und nirgends, aber nicht bei uns. Denn die Kirche haben sie hinter sich und wissen: Da ist für uns nichts Frisches und Neues zu holen. Das ist die alte Religion, die versagt hat.

Dazwischen gibt es in Ost und West gesunde und wachsende Gemeinden. Gemeinden, die das schöne Evangelium liebevoll und fantasievoll bezeugen. Gemeinden, die Menschen anziehen, nicht 20 000, aber vielleicht doch 50 oder 100 oder sogar 300. Gemeinden, die neugierig machen. Es gibt auch bei uns in Ost und West nicht nur den

> *Es gibt in Ost und West gesunde und wachsende Gemeinden, die das Evangelium liebevoll und fantasievoll bezeugen. Vieles geht, auch bei uns!*

Niedergang. Evangelische sind gelegentlich etwas zu sehr in die Depression verliebt und ins Jammern vernarrt. Vieles geht, auch bei uns! Die Willow-Creek-Kongresse haben übrigens dazu beigetragen.

Ich bin einige Male gefragt worden, wieso ich mich als Theologieprofessor hier engagiere. Es ist ganz einfach: Weil mich in den letzten Jahren die Inspiration aus Chicago so ermutigt und erfrischt hat, wie ich es lange, lange nicht mehr erlebt hatte. Weil ich es faszinierend finde, dass ich hier auf Christen gestoßen bin, die doch tatsächlich nicht nur an Jesus glauben, sondern ihn ernst nehmen und mit ihm rechnen. Weil es mich enorm herausfordert, alles auf die auszurichten, die Jesus noch nicht kennen, und für sie das Beste zu geben. Weil ich es befreiend finde, bei den Christen aus Chicago Herz und Humor zu finden, für uns norddeutsche Flacheuphoriker sogar Gefühl, Lachen und Weinen. Darum! Danke, Willow! Zurück zum Thema:

In den meisten Landeskirchen ist Evangelisation salonfähig geworden seit der Leipziger Synode 1999. Das ist doch etwas. Allerdings gleichen unsere Kirchen in Sachen Mission immer noch einem Menschen, der lange im Bett gelegen hat und nun wieder aufstehen soll. Da ist alles steif und schwach, er muss das Laufen erst wieder lernen und üben. Unsere Kirchen müssen das Missionarische erst wieder lernen.

Ich habe versprochen, mich nicht lange bei den schlechten Nachrichten aufzuhalten. Ich will auch Wort halten. Wie gehen wir damit um: Bei uns drinnen geht es oft so mittelmäßig zu, und zu denen draußen ist es schwer, Kontakt zu bekommen. Wie gehen wir damit um?

Ratschläge gegen das Verzagen

Den ersten Ratschlag habe ich schon genannt: Lassen Sie uns nicht nur auf das schauen, was nicht gelingt, sondern auch auf das, was gelingt.

Zweiter Ratschlag: Wir sollten aufhören, uns andauernd für Dinge verantwortlich zu machen, für die wir nicht verantwortlich sind und die wir auch nicht ändern können. Ich sage es für unser kleines Pommern: Die Bevölkerungsabwanderung halten wir nicht auf. Und das schließt ein, dass es für viele Gemeinden sehr eng wird und dass manches sterben muss. Wir haben wenig Einfluss auf diese Megatrends.

Dritter Ratschlag: Wir sollten schauen, wofür wir wirklich verantwortlich sind. Das sind die hausgemachten Gründe für unser Zurückbleiben. Ich sehe eine Reihe von Fehlern, die wir gerne machen. Nicht alles werden Sie gerne hören.

- Fehler Nr. 1 ist die Selbstüberschätzung. Nicht viele haben das Potenzial, große Gemeinden ins Leben zu rufen. Nicht jeder Willi Heibel ist ein Bill Hybels. Wenn wir versuchen, Seeker Services zu feiern, aber das freie evangelistische Reden ist nicht unsere Sache, dann wird das scheitern. Wir müssen das Maß finden, mit dem wir von Gott begabt sind und uns nicht in Schuhe stellen, die zu groß sind. Mancher Wunschtraum muss sterben, damit wir entdecken können, wozu Gott uns beruft.
- Fehler Nr. 2 ist das Kopieren von Erfolgsgeschichten. Wir sind da nahezu unbelehrbar. Es liegt nicht an Willow, aber wir träumen doch davon, kleine Willow-Kopien in die brandenburgische oder hessische Landschaft zu setzen. Auch das kann eigentlich nur schief gehen. Das Prinzip von Willow müssten wir

begreifen, die Leidenschaft für verlorene Menschen, die Bereitschaft, kulturell auf diese Menschen so weit wie möglich einzugehen und den Willen, in allem unser Bestes zu geben.

➲ Fehler Nr. 3 ist unsere Eigenbrötelei: Wir schauen, wenn es ernst wird, doch auf das Eigene. Wie überlebt und gedeiht mein Kirchturm? Wir haben es noch nicht wirklich begriffen, über die Grenzen der eigenen Gemeinde hinweg zu denken. Sonst würden wir viel häufiger zusammensitzen und Bündnisse schließen: Bündnisse für Evangelisation in unserer Region. Vieles könnten wir zusammen besser. Manches könnten wir nur zusammen, weil jeder allein zu schwach ist. Bei anderem könnten wir uns besser absprechen, damit jeder tut, worin er besonders gut ist, während er lässt, was andere besser können. Davon sind wir in der Regel noch weit entfernt.

➲ Fehler Nr. 4 ist unsere mangelnde Kenntnis der Menschen. Oft meinen wir zu wissen, was andere brauchen und täuschen uns so sehr. Wir tricksen uns selbst aus: Die Musikstile, die der Kirchenferne dann angeblich mag, ähneln verdächtig genau unserer häuslichen CD-Sammlung. Und das, was angeblich Glück und Not des Kirchenfernen ist, haben wir eher aus den Predigten ferner Evangelisten gelernt als aus dem täglichen Gespräch mit dem Nachbarn. Was bewegt denn wirklich Hans, Stefan und Meik?

➲ Fehler Nr. 5 ist unser mangelnder Mut zur Klarheit am Ende. Wohin führen wir Menschen, mit denen wir in Kontakt kamen? Mein Eindruck ist, dass unsere Evangelisation oft nicht tief genug geht. Wir sind dann glücklich, wenn Menschen zu uns kommen. Vielleicht kommt es zu einem Anfang im Glauben. Das ist wunderschön. Ich fürchte nur, dass wir zwei Schritte scheuen: zum einen, Menschen verbindlich in der Gemeinde zu beheimaten. Zum anderen, mit ihnen darüber zu sprechen, behutsam, aber nachhaltig, wie nun Jesus in ihrem Lebenshaus aufräumen und die Dinge zurechtrücken möchte. Wenn wir darauf nicht achten, wächst der junge Glaube nicht tief genug ins Leben hinein. Evangelisation will nicht nur Bekehrung, sondern ebenso Beheimatung in der Gemeinde und Veränderung des Lebens.

Ein Beispiel: Wie ein verzagter Mann neuen Mut fasste

Ich möchte dieses Kapitel abschließen, indem ich daran erinnere, wie Jesus mit enttäuschten, entmutigten, müden Mitarbeitern umgeht. Als Jesus eines Tages am See predigt (Lk 5,1-11), leiht er sich von einem Mann namens Simon ein Boot, ein Boot als Kanzel. Und nach seiner Predigt ruft er sich Simon herbei und sagt ihm: So, das war's mit dem Predigen für heute. Jetzt fahren wir Fische fangen. Und damit beginnt seine Seelsorge an einem Müden:

⮑ Erster Schritt: Jesus hört auf Simon. Simon redet sich die Enttäuschung von der Seele. Herr, wenn du wüsstest! Wir haben doch die ganze Nacht schon gefischt. Nichts. Wir haben alles versucht. Wir haben es auf die traditionelle Weise versucht. Nichts. Wir haben die neuesten Kongresserfahrungen umgesetzt, direkt von Willow Fishing Ltd, Lake Michigan, nichts! Wieder nichts. Wir sind einfach nur noch müde. Ein heißes Bad, ein Bier und ein Bett – und dann nichts hören und nichts sehen. Es hat doch einfach keinen Zweck. So redet Petrus, und ich stelle ihn mir wie so einen waschechten Fischkopp von der Küste vor. Dem macht man kein X für ein U vor. Und Jesus hört sich das an. Wenn wir enttäuscht sind, dann hat er ein offenes Ohr für unseren Frust. Wir müssen das nicht zurechtbiegen.

„Es ist zwar niemand zum Glauben gekommen, aber wir haben doch gute Gespräche gehabt." „Es ist zwar kein Fremder gekommen, aber unserer Kerngemeinde hat es auch gutgetan." Nein, wir dürfen es sagen, wie es ist: Herr, wir haben es versucht und es ist nicht gelungen. Jesus hört uns zu, und dann bringt er uns wieder auf die Beine: Komm, lass uns noch einmal rausfahren!

⮒ Zweiter Schritt: Simon hört auf Jesus. Und dann sagt er: Wir sind zwar so müde und enttäuscht, aber auf dein Wort hin wagen wir es noch einmal. Jesus, auf dein Wort hin. Weil du es sagst. Da ist nicht plötzlich eitel Sonnenschein, der Frust frisst noch mächtig an Simons Seele. Aber er sieht auf Jesus, hört auf ihn, und in diesem Schauen und Hören wird das Zutrauen zu Jesus ein ganz kleines bisschen stärker als der Zweifel. Mehr braucht es nicht. Jesus sehen und hören und dann erleben: Da keimt ein neues Hoffen auf. Und das bringt uns auf die müden Beine. Weil du es sagst. Es kann doch nicht ganz umsonst sein, wenn du es sagst. Du wirst uns doch nicht zum Narren halten, Jesus. Auf dein Wort hin, auch wenn ich nur leere Netze sehe und keinen Pfifferling mehr gebe auf diese Kirche. Aber weil du mich jetzt heute neu beauftragst, Jesus, will ich treu mitarbeiten und Hoffnung haben. Auch wenn mich so vieles müde macht in meiner Gemeinde, so viel Stress und so viel menschliche Mittelmäßigkeit, so viel Beziehungsquark und Kleinkram, will ich die Netze wieder auswerfen an meiner kleinen Stelle, damit Menschen Jesus kennenlernen und bei ihm bleiben lernen. Auf dein Wort hin.

⮒ Dritter Schritt: Simon fährt raus, und wir wissen, er macht den Fischfang seines Lebens. Die Zukunft der Firma war gesichert. Aber Simon kann sich nicht freuen. Gerade die Großzügigkeit Gottes lässt ihn erkennen, wer er ist. Geh von mir weg, Jesus, du und ich, wir passen nicht zusammen. Du bist heilig, ich nicht.

> *Das ist ja das Verrückte: Je besser wir uns machen, desto kühler ist unsere Beziehung zu Jesus, und je ehrlicher wir vor ihm werden, desto mehr spüren wir seine Zuneigung.*

Gerade im Licht der Liebe Gottes erkennt Simon sich selbst. Er sieht die Unordnung in der inneren Welt, die Lauheit im Gebet, den kranken Ehrgeiz, mit dem er groß herauskommen wollte, die kleinen Unehrlichkeiten, die ungeklärte Not in der eigenen Ehe. Er sieht, wie wenig er von der Art Jesu an sich hat, von seinem Erbarmen, seiner Großzügigkeit und Zuneigung zu den Menschen. Und er weiß, so kann ich kein Gemeindeleiter sein. Simon wird im Licht Jesu ehrlich. Wir brauchen das.

Vierter Schritt: Jesus stößt nun diesen Simon gerade nicht von sich, sondern er zieht ihn näher zu sich. Das ist ja das Verrückte: Je besser wir uns machen, desto kühler ist unsere Beziehung zu Jesus, und je ehrlicher wir vor ihm werden, desto mehr spüren wir seine Zuneigung. Er stößt nicht weg, sondern zieht zu sich. Er gehorcht Simon nicht, sein Ungehorsam ist Gnade. Und er zeigt Simon, wozu das alles sein musste, auch dieser peinvolle Blick in die Abgründe der eigenen Seele. Das brauchen wir. Gemeindeleiter von wachsenden Gemeinden, die über sich geweint haben, um gerade da zu erleben, dass Jesus sie zu sich zieht und neu beauftragt. Fortan wirst du Menschen fischen, sagt der Herr zu Simon. Nicht für den Kochtopf, sondern für die Ewigkeit. Das war der Sinn der ganzen Episode: Simon, so wird das immer wieder mal sein. Die äußeren Umstände werden schwierig sein. Und die inneren Umstände werden kompliziert sein, denn du und ich, wir wissen jetzt, aus welchem Holz du geschnitzt bist. Aber auf mein Wort hin wirst du es wieder wagen, damit Menschen nicht verloren gehen, sondern gerettet werden. Du Simon in Braunschweig, dazu brauche ich dich und berufe ich dich aufs Neue: für mich und mit mir und auf mein Wort hin – fische Menschen!

Und damit bin ich bei meinem letzten Abschnitt:

Zielorientierte Schritte wagen

Worum geht es, wenn wir eine wachsende Gemeinde werden wollen? Visionen allein reichen nicht. Ein neuer Aufbruch allein tut es nicht, denn die Enttäuschungen warten an der nächsten Ecke. Wie war das bei der Frauenkirche? Sehen – träumen – planen – arbeiten. Jetzt geht es um gutes Planen und Arbeiten, um Ziele und Strategien.

Wie könnte ein Ziel aussehen? Wir Christen haben manchmal Probleme mit den Zielen. Ich habe einen guten Freund, der ist Manager und sagt: Theologen können keine Ziele formulieren, die sprechen immer von ihren Wünschen. Ich will ganz Pommern für das Evangelium gewinnen. Das ist ein schöner, frommer Wunsch, aber kein Ziel. Ein Ziel beschreibt, was wir zusammen in einem bestimmten Zeitraum für einen bestimmten Ausschnitt unseres Missionsfeldes erreichen wollen.

Fähigkeits-/Willigkeits-Matrix		↗	→	↘	
	1000	20%	30%	50%	
♥	15%	30	45	75	150
?	35%	70	105	175	350
⚡	50%	100	150	250	500
		200	300	500	100%

Jetzt kommt ein Beispiel aus dem Marketing. Man nennt das eine Willigkeits-/Fähigkeitsmatrix.[20] Stellen Sie sich vor, Sie haben in Ihrem Stadtteil oder Ihrem Dorf 1.000 Menschen. Und Sie haben die Vision, Jesu großes Volk zusammenzurufen. Und dann schauen Sie sich an, wie es denn in Wirklichkeit ist. Sie können zum Beispiel die Menschen nach ihrer Nähe zur Gemeinde einschätzen, zum Beispiel ihrer Willigkeit, in der Gemeinde mitzumachen und zugleich nach ihren Fähigkeiten. Da gibt es in der Gemeinde immer Menschen, die sind in einer sehr starken Lebensphase, etwa Familienväter, die gerade ihr Haus fertig gebaut haben, Mütter, die nach dem Auszug des letzten Kindes nach neuen Aufgaben suchen. Dann gibt es solche, die im Gleichgewicht sind, aber nicht übermäßig viel Power haben. Und es gibt die, die es im Leben aus sehr unterschiedlichen Gründen schwer haben. Die gleichen Menschen haben nun wieder sehr verschiedene Einstellungen zur Gemeinde und zum Glauben: Da sind die, die die Gemeinde von Herzen lieb haben und sich gerne einbringen. Andere haben eine eher neutrale Einstellung. Und eine dritte Gruppe hat irgendwie Zoff mit der Kirche, weil doch der Pastor damals bei Omas Beerdigung sich so unmöglich benommen hat. Diese beiden Sichtweisen können wir dann addieren: Die 1er und vielleicht auch die 2er sind die Zugpferde der Gemeinde, die 3er, 6er und 9er sind aus sehr verschiedenen Gründen am schwierigsten zu gewinnen. Und so weiter ...

Wie könnte jetzt eine Zielaussage aussehen? Ich will alle sofort und für immer für alle Angebote der Gemeinde gewinnen? Das ist ein frommer Wunsch, kein Ziel. Ich mache Ihnen mal einen Vorschlag: Wir wollen im Laufe der nächsten beiden Jahre von den 60 Menschen mit viel Power in der neutralen Mittelgruppe, also von den 4ern, 20 Menschen für die Gruppe derer gewinnen, die Jesus und seine Gemeinde lieben und darum intensiv mitarbeiten. Oder: Wir wollen im Laufe der nächsten drei Jahre von den 150 freundlichen Kirchenfernen, den 5ern, die fest im Leben stehen, 30 Menschen für Jesus und die Gemeinde gewinnen, als Multiplikatoren in der Gesellschaft, auch wenn sie wohl wenig Kraft zur Mitarbeit haben werden. Aber das sind die Lehrerinnen, die engagierten Kaufleute, die Ärztin, der Anwalt, der Chef vom Ordnungsamt.

Erst wenn ich das unter Gebet und gemeinsamem Nachdenken beschrieben habe, kann es weitergehen, dann kommen strategische Überlegungen. Die Strategie hat es mit der Frage zu tun: Wie komme ich vom Ist zum Soll, von der Ausgangslage zum Zielpunkt? Und im Blick auf solche Strategien kann ich jetzt nur noch ein paar allgemeine Hinweise geben, die mir wichtig sind.

Der erste Schritt: Mut zum missionarischen
Plural entwickeln

Wenn wir uns klar machen, wie unterschiedlich die Menschen sind, dann brauchen wir einen missionarischen Mut zur Vielfalt in den Gemeinden. Es hilft überhaupt nichts, wenn wir alle dasselbe machen. Überall Gottesdienste mit Theaterstück, Band, Liedern aus *Feiert Jesus* 1–78 und Bistro – das würde nur ganz bestimmte Menschen erreichen. Überall dieselben Gemeinden – das würde viele, viele Menschen ausschließen, die sich da nie einfinden würden. Wir brauchen Vielfalt. Unsere Unterschiedlichkeit ist kein Problem, solange wir uns einig sind, dass es darum geht, verlorene Menschen im Auftrag von Jesus nach Hause zu lieben.

Meine Zeit ist gleich um, darum lasse ich es bei einem Beispiel, das ich gerade besonders heiß finde, bei dem ich aber auch besonders ratlos bin: Wir brauchen zum Beispiel unterschiedliche Gemeindetypen in Deutschland. Klassische Ortsgemeinden, aber auch Gemeindepflanzungen in Plattenbaugebieten. Wir brauchen kleine Gemeinden in Cafés, in denen Ratsuchende gutes Essen, Beratung und andere geistliche Angebote bekommen. Wir brauchen Cell Churches, Gemeinden, die aus Kleingruppen bestehen. Also, mehr Vielfalt, um mehr Menschen zu erreichen. Allerdings muss ich hier eine Anmerkung machen: Es irritiert mich nicht, wenn Landeskirchliche Gemeinschaften oder CVJMs sich als Gemeinden verstehen (kein Problem!), aber es macht mir Sorgen, wenn sie nichts sehnlicher wollen als endlich so zu werden wie die Ortskirchengemeinden, mit einem Gottesdienst am Sonntagmorgen, mit Pastoren, die sich dann Gemeinschaftspastoren nennen, und mit dem gesamten Ballast, den eine Ortskirchengemeinde mit sich herumschleppen muss. Die Sehnsucht nach Augenhöhe mit der Kirche verstehe ich, nicht aber das Begehren, so zu werden wie das jahrhundertealte Modell der Ortskirche. Ihr freien Werke habt eure Chancen, weil ihr anders seid und anders dienen könnt als die Ortskirchengemeinden. Mehr Vielfalt gemeindlichen Lebens tut not, nicht mehr Uniformität.

Der zweite Schritt: Mit Eifer fremde Sprachen in
unserer Nähe lernen

Das habe ich neu bei den Wycliff-Bibelübersetzern gelernt. William Cameron Townsend begründete diese größte Missionsgesellschaft der Welt, weil ihn ein Eingeborener in Guatemala 1918 fragte: „Wenn dein Gott so groß ist, warum spricht er dann nicht meine Sprache?" Heute versucht Wycliff, „die ganze Welt mit der Schrift vertraut [zu] machen".

Darum geht es. Mission geschieht heute auf sechs Kontinenten. Wir sind Missionsland. Darum können wir von den Missionaren lernen, wenn es um wachsende Gemeinden geht: Sprachen lernen! Es gibt so viele Fremdsprachen unter uns: Der Akademiker spricht anders als der arbeitslose Jugendliche. Der Pommer spricht anders als der Schwabe, für den Hochdeutsch eine Fremdsprache ist. Menschen in der Platte sprechen anders als die Häuslebauer am Stadtrand. Kirchenleute sprechen anders als Konfessionslose. Oma spricht anders als ihr Enkel.

Wieder ein Beispiel: Wir schaffen es auch mit unseren missionarischen Bemühungen kaum, die Freunde der deutschen Volksmusik zu erreichen oder die jüngeren Fans von Big Brother. Sie sprechen andere Sprachen! Wer will schon im evangelikalen Wochenmagazin *ideaSpektrum*

Es gibt Evangelisation für die Verehrer von Johann Sebastian Bach. Wo aber ist der evangelistische Heino?

als das Naabtal-Duo der Evangelisation in Bayern berühmt werden, gerne auch als Wildecker Schmerzbuben der hessischen CVJM-Szene? Ich meine das ganz ernst: Es gibt Evangelisation für die Verehrer von Johann Sebastian Bach; es gibt Gemeinde für die Liebhaber von Taizé und Sakropop, es gibt Lobpreis zwischen Manfred Siebald und Greg Ferguson. Wo aber ist der evangelistische Heino und wo ist der missionarische Stefan Raab? Es geht ums Lernen von Sprachen.

Der dritte Schritt: Vom einsamen Ich zum
auskunftsfähigen Wir finden

Ich bin davon überzeugt: Die wachsende Gemeinde der Zukunft wird eine Gemeinde der ganz normalen Christenmenschen sein, die mit ihren Gaben einander und anderen dienen. Hauptberufliche Mitarbeiter werden wir dann in viel geringerem Umfang haben als heute. Das aber heißt: Wir müssen heute alle Kraft dahin lenken, dass wir in den Gemeinden wegkommen von der Fixierung auf den einen Pastor oder Prediger. Sie kennen ja das alte Kirchenlied: „Ihn, ihn lass tun und walten, er ist ein weiser Fürst und wird sich so verhalten, dass du dich wundern wirst" (EG 361,8). Wir müssen in Menschen *investieren,* damit sie sprach- und auskunftsfähig werden. Vom Berufschristen zu den vielen Christen im Beruf. Damit im Alltag das werbende Zeugnis des Glaubens laut wird!

Nicht lange Predigten sind da zu halten. Nicht jeder ist berufen, auf der Straße Leute anzusprechen. Aber die meisten von uns können zum Beispiel andere mitnehmen zu einem Glaubenskurs. In England war die erfolgreichste Werbung für den Glauben die schlichte Frage: „Sag mal, hättest du nicht Lust, am nächsten Sonntag mit mir zum Gottesdienst zu kommen?" Freilich muss dieser Gottesdienst dann auch so sein, dass wir nicht von der ersten bis zur letzten Minute bangen müssen, weil es peinlich, unverständlich, lieblos und lebensfern zugeht. Aber wir werden ganz anders in unserer Gemeinde sitzen, wenn wir jemanden zum ersten Mal mitgebracht haben, mit ganz anderer Aufmerksamkeit, Spannung. Und ich verspreche euch: Wenn nirgendwo sonst, dann lernen wir da das Beten.

Es geht nicht um große Predigten, es geht um die kleinen Geschichten. Die wachsende Gemeinde lebt von lauter kleinen Leuten, die aber mit ihrer Lebensklugheit und ihrer Liebe zu Gott und zum Nächsten nicht hinter den Berg halten. Da werden wir angesprochen und gefragt, zum

Es geht nicht um große Predigten, es geht um die kleinen Geschichten.

Beispiel nach den Wirbelstürmen der letzten Wochen: Wie kann denn Gott das zulassen? Haben wir miteinander nachgedacht, wie eine hilfreiche Antwort aussehen kann?

Es ist das Wir der Gemeinde, das Menschen anlockt, nicht das Plakat, nicht der Radiospot. In England haben es die Menschen glasklar gesagt. Man hat sie befragt, was der ausschlaggebende Punkt war, um zum Glauben zu finden. Menschen, war die Antwort. Immer wieder Menschen. Unaufdringlich und doch von einer stillen Ernsthaftigkeit, wenn es um Jesus geht. Nicht verkrampft, eher Menschen, die lachen und weinen können, fromm und dennoch normal. Keine Fanta-Flaschen, die zu viel geschüttelt wurden. Wenn man Fanta-Flaschen zu viel schüttelt, entsteht Überdruck. Öffnet man sie, dann wird zwar niemandes Durst gestillt, aber es ist klebrig und alle werden nass.

Fragen Sie sich doch einmal: Wer gehört zu meinem Beziehungsnetz? Wir kennen alle so viele Menschen. Und dann lautet die nächste Frage: Für wen sollten wir beten? Wo ist jemand bereit und offen? Und wie könnte ich diesem Menschen absichtslos dienen? Wie könnte ich ihm Gottes Liebe bringen? Menschen sind so empfindlich, wenn sie das Gefühl haben, zu Missionsobjekten gemacht zu werden. Ich saß einmal im Zug, in den ersten Monaten meines neuen Lebens im Osten. Eine Frau saß noch im Abteil. Sie sprach mich an, fragte mich, woher ich komme, wollte wissen, was ich mache. Plötzlich aber schaltete sie um: Finden Sie nicht auch, dass unsere Welt auf eine Katastrophe zugeht? Und was werden Sie machen, wenn es zu Ende geht? Ich war einer Zeugin Jehovas auf den Leim gegangen. Ihr Interesse an mir war nicht echt, sondern taktisch: Sie wollte mich für Ihren Verein gewinnen. Und ich fühlte mich benutzt und war verletzt. So wird es nicht gehen.

Ich habe gelernt zu warten, aber nicht gleichgültig, sondern betend zu warten. Ich habe gelernt, den Menschen ohne Absichten zu begegnen, aber bereit, von Jesus zugeflüstert zu bekommen, wann ich etwas tun oder sagen soll.

Unser Glaubenszeugnis muss nicht nur inhaltlich von Jesus bestimmt sein, sondern auch in der Art der Begegnung mit dem anderen Menschen. Wir können hier wieder nur von Jesus lernen. Den Menschen dienen und ihnen darin sagen, wer sie aus Gottes Sicht sind. Und dafür den richtigen Zeitpunkt finden. Darauf kommt es an. Ich war einige Jahre Seelsorger in einer Kinderklinik. Ich habe eines dabei gelernt: zu warten, aber nicht gleichgültig, sondern betend zu warten. Ich habe gelernt, den Menschen ohne Absichten zu begegnen, aber bereit, von Jesus zugeflüstert zu bekommen, wann ich etwas tun oder etwas sagen soll. Einem kleinen Jungen habe ich über Monate Astrid Lindgren vorgelesen. Seine Eltern waren bei einem Autounfall ums Leben gekommen; er selbst war schwer verletzt. Über Wochen wuchs unsere Beziehung, aber es war weder von seinen Eltern noch von Jesus die Rede. Ich las vor, Ronja Räubertochter. Am Ende des Buches, nach gut 200 Seiten, dachte ich schon: Na, du bist ein feiner Seelsorger, vorlesen könnte auch ein freundlicher Heide. Dann aber stirbt in der Geschichte ein alter Räuber und der Räuberhauptmann heult sich die Augen aus. Da brach es aus dem kleinen Jungen heraus: Michael, wo sind meine Eltern? Und wo komme ich hin, wenn ich sterbe? Jetzt war es Zeit zu antworten. Keine Minidogmatik, keine Predigt. Ich habe ihm einfach von Jesus erzählt. Der kleine Junge weinte über seine Eltern und er hörte, wer Jesus ist. Und am nächsten Tag zog er mich ganz kurz zu sich und sagte nur, du, das mit Jesus, das finde ich gut.

Was ich sagen wollte: Die wachsende Gemeinde lebt von Menschen, die fromm und doch normal sind, deren Herz für Jesus brennt, aber deren Mund sich öffnet, wenn es gut und hilfreich ist, dann freilich auch tapfer und werbend.

Der vierte Schritt: In der Liebe wachsen

Ich bin mehr und mehr davon überzeugt, dass die größte evangelistische Kraft in der Liebe liegt. Das ist die Kehrseite des Satzes, die Gemeinde sei die Übersetzerin Nr. 1 des Evangeliums. Menschen werden gewonnen, weil sie Liebe erfahren, überraschende, dauerhafte, echte und belastbare Liebe. Ich will nur ein Beispiel erzählen, von dem ich vor Kurzem erstmals gehört habe: In Mecklenburg gibt es den Carolinenhof. Dort leben zwei Christen mit ihren Familien, der eine Orthopädieschuhmacher, der andere Altenpfleger, keine Theologen. Sie haben sich angesehen, was in ihrer Region passiert. Unser Bundesland ist eine Hochproblemzone. Das heißt: kaum wirtschaftliche Entwicklungschancen. Die Menschen sind nicht wohlhabend. Die Bildungschancen lassen nach. Wer kann, geht. Wer nicht geht, kann oft nicht mehr. Die Angebote für Kinder sind mangelhaft. Die Christen auf dem Carolinenhof haben sich überlegt, was können wir tun? Und sie haben angefangen, Angebote für die Kinder zu machen. Zuverlässige Angebote, damit die Kinder nicht herumhängen müssen. Sie haben die Kinder aus den Dörfern mit einem Bulli abgeholt. Mit den Kindern haben sie ein Musical eingeübt. Und dann haben sie die Eltern eingeladen: Guckt euch das mal an. Und die Eltern, fast alle konfessionslos, sind gekommen. Inzwischen feiern sie regelmäßig ein Hoffest. Da wird auch das Evangelium weitergesagt. Aber der Ansatz war die Liebe zu den Menschen in dieser verarmenden Region. Wachsen in der Liebe.

> *Ich bin mehr und mehr davon überzeugt, dass die größte evangelistische Kraft in der Liebe liegt. Menschen werden gewonnen, weil sie Liebe erfahren, überraschende, dauerhafte, echte und belastbare Liebe.*

Auch innen ist Liebe erkennbar. Wir glauben, dass das stimmig sein muss, unsere Botschaft und der Stil unserer Gemeinde. Wir sind kein Dienstleistungsunternehmen, sondern die Gemeinschaft der kleinen Schwestern und Brüder Jesu. Seine Liebe soll unser Miteinander prägen und unser Zeugnis. Das müssen wir durchbuchstabieren. Wie ist es, wenn seine Liebe unseren Umgang miteinander bestimmt: unsere Wahrhaftigkeit voreinander, unser Reden über andere? Wie ist das, wenn seine Liebe uns bestimmt in der Weise, wie wir aufeinander achten: einander loben, die Müden ermutigen, Siege miteinander feiern und Niederlagen beweinen, die Überforderten entlasten, den Kranken einen Kuchen bringen, treu füreinander beten, uns beim Babysitten helfen, den Pastor nach der Niederlage von Werder gegen Bayern trösten. Wachsende Gemeinden loben Mitarbeiter für das Gelungene. Wachsende Gemeinden merken, wenn jemand plötzlich nicht mehr kommt. Wachsenden Gemeinden ist es nicht egal, ob einer auf Abwege gerät. Sie trauen sich, rechtzeitig nachzufragen. Und wissen Sie: Keine Firma lockt Menschen, keine Behörde macht Lust dazuzugehören. Wer wollte schon freiwillig Mitglied beim Finanzamt werden? Aber eine Gemeinschaft, die Luft zum Atmen lässt und etwas von der Großzügigkeit und dem Erbarmen Jesu widerspiegelt, die macht Lust dazuzugehören.

Der fünfte Schritt: Gute Angebote nutzen, um andere
auf der geistlichen Reise zu begleiten

Ich kann das nun ganz kurz machen. Auch hier werden wir nämlich der Vielfalt Raum geben, wir werden Sprachen der Liebe lernen, wir werden Auskunft geben können über das, was unser Leben im Innersten zusammenhält, wir werden liebevoll miteinander mit und unseren Gästen umgehen. Welche evangelistischen Arbeitsformen wir dann nutzen, ist echt zweitrangig. Dann blühe die Vielfalt: Da wird der eine ProChrist nutzen und der andere Gottesdienste für Kirchenferne anbieten. Da wird es Alpha-Kurse geben und Thomas-Messen und was uns noch alles einfällt. Da werden Leute zu Jesus finden in unseren normalen Gottesdiensten und wir werden uns verwundert die Augen reiben. Da blühe wirklich Vielfalt. Ich glaube allerdings, dass angesichts des kaum noch vorhandenen Wissens über den Glauben Grundkurse des Glaubens besonders wichtig sind. Eine letzte Auskunft aus der anglikanischen Kirche, aus dem Emmaus-Projekt: Menschen wissen fast nichts über den Glauben, oft gilt das auch für Kirchenmitglieder, ja auch für ganz kirchennahe, treue Gottesdienstbesucher. Und sie brauchen Zeit, oft viel Zeit, um zum Glauben zu finden. Das Entscheidende auf ihrer Reise zum Glauben ist Begleitung und ist ein sicherer Ort, den Geschichten von Jesus zu begegnen, sie anzuschauen und zu befragen, vielleicht mal so zu tun, als ob ich das alles schon glauben könnte. Glaubenskurse wie Emmaus oder Alpha bieten dazu hervorragende Möglichkeiten. Bei Emmaus gibt es fast keine Referate, da wird das meiste miteinander entdeckt, im Gespräch, im Betrachten von Bildern und Filmen, in kurzen Impulsen, in Gottesdiensten. Aber immer gibt es bei einem guten Glaubenskurs eine oder mehrere Gelegenheiten, nun wirklich an einem Punkt meiner Reise ernst zu machen und zum großen Volk Gottes in der Stadt hinzuzustoßen. Wir haben auch das bei GreifBar erlebt: Etliche sind am Ende eines Glaubenskurses im Abschlussgottesdienst gekommen und haben ein Gebet des Zutrauens zu Jesus mitgesprochen und sich segnen lassen. Manche haben erzählt, von wie weit her sie kommen, wie undenkbar das alles noch vor Kurzem für sie war, was sie gewonnen hat und welche Freude nun in ihr Leben eingezogen ist. Wir sind an solchen Tagen lebendige Werbeträger für die Taschentuchindustrie, aber das stört bei uns niemanden mehr. Jesus hat sein großes Volk in der Stadt, und es ist unser Privileg und die größte Ehre, die uns widerfahren kann, dass er uns mitnimmt, wenn er dieses Volk zusammenruft. Das ist das Thema der wachsenden Gemeinde.

Schluss

Tun Sie mir einen Gefallen und kommen Sie jetzt nicht auf die Idee, sich bei den Essensständen einfach so mit Keksen zu bedienen. Gott schaut zu, auch wenn er Sie nicht verrät. Und die Gastwirte hier in Braunschweig sollen sehr aufmerksame Leute sein.

Gemeinde missionarisch entwickeln

*Zweites Forum der
Evangelischen Landeskirche in Baden
Rastatt (4. 2. 2006)*

Einleitung

Liebe Schwestern und Brüder,

wenn Sie in London zum Westportal der Kathedrale von Westminster kommen, sehen Sie eine Reihe von ungewöhnlichen Skulpturen. Ganz im Stil des Mittelalters sind dort Menschen des 20. Jahrhunderts dargestellt. Schauen Sie näher hin, dann können Sie entdecken, dass es sich um zehn Märtyrer des 20. Jahrhunderts handelt. Einer von ihnen, neben Maximilian Kolbe und Bischof Romero, ist Dietrich Bonhoeffer. Heute vor 100 Jahren wurde der Christ, Theologe, Widerstandskämpfer und Märtyrer geboren. Ich habe meine Vorbereitungen auf diesen Vortrag vor einer Woche auf dem pommerschen Zingsthof begonnen.[21] Das ist der Ort, an dem Bonhoeffer 1935 die Vikare der Bekennenden Kirche versammelte und mit ihnen das gemeinsame Leben einübte. Einige Jahre später schrieb er das kleine, kaum 100 Seiten dicke Büchlein „Gemeinsames Leben".[22] Es war das erste theologische Buch, das ich als junger Mensch zur Hand genommen habe, und es hat meinen Blick auf die Gemeinde Jesu bis heute geprägt.

Für Dietrich Bonhoeffer war Gemeinde kein Seitenthema; es stand für ihn vielmehr im Zentrum seines Denkens: Was Gemeinde ist, wie sie lebt und sich erneuert, wie sie Menschen gewinnt und prägt, das ist wie ein roter Faden durch Bonhoeffers Leben und Werk gewirkt. Mit 19 Jahren schrieb Bonhoeffer in seiner Doktorarbeit[23]: „Die Kirche ist der neue Wille Gottes mit den Menschen."[24] Christus und die Gemeinde, der Christ und die Gemeinde, das alles gehört unlöslich zusammen.

Gemeinde als Gabe Gottes

Im „Gemeinsamen Leben" beginnt alles mit einem Loblied auf die Gemeinschaft der Glaubenden. Gar nicht selbstverständlich ist es, dass wir als Christen beieinander sein dürfen. Es ist eine Gnade, nicht verstreut und vereinsamt, sondern in Gemeinschaft glauben zu dürfen.[25] Darum, so Bonhoeffer, ist die „leibliche Gegenwart anderer Christen [...] dem Gläubigen eine Quelle unvergleichlicher Freude und Stärkung"[26], ja „ein leibliches Gnadenzeichen der Gegenwart des dreieinigen Gottes".[27] Christliche Gemeinschaft ist „Gemeinschaft durch Jesus Christus und in Jesus Christus".[28] Solche Gemeinschaft aber lebt von dem anderen, der mit mir an Jesus Christus glaubt. Er ist es, der mir zuspricht, dass Gottes Ja trotz allem auch mir gilt. Gegenseitig stärken wir einander im Glauben, wir, die wir doch in uns selbst oft so unsicher, voller Zweifel und Ungewissheit sind. „Darum braucht der Christ den Christen, der ihm Gottes Wort sagt."[29] Denn: „Der Christus im eigenen Herzen ist schwächer als der Christus im Worte des Bruders; jener ist ungewiss, dieser ist gewiss."[30] In der Sprache der Soziologen: Wenn unser Glaube draußen in der Minderheit ist und drinnen angefochten, dann bietet die Gemeinde die nötige „Plausibilitätsstruktur" (Peter Berger): Der Zuspruch des anderen plausibilisiert mir meinen

> *Christus und die Gemeinde, der Christ und die Gemeinde, das alles gehört unlöslich zusammen.*

Glauben, so wie auch ich dazu beitrage, dass dem anderen der Glaube nicht entgleitet.

Vielleicht kommt Ihnen dieser Einstieg ein wenig steil vor, aber Bonhoeffers Geburtstag erinnert uns an etwas, das uns gleich zu Beginn dieses Tages Richtung gibt. Zuerst: Wir haben Grund dankbar zu sein, wenn wir in Gemeinschaft glauben, also Gemeinde erleben können. Gemeinde ist nicht zuerst ein Grund zum Nörgeln und Klagen, ein Grund zu Sorge und Mühe. Sie ist eine Gabe Gottes, der uns so und nicht anders in seiner Nähe hält.

These 1 *Wir haben Grund, dankbar zu sein, wenn wir in Gemeinschaft glauben, also Gemeinde erleben können. Gemeinde ist nicht zuerst ein Grund zum Nörgeln und Klagen, ein Grund zu Sorge und Mühe. Sie ist eine Gabe Gottes, der uns so und nicht anders in seiner Nähe hält. Diese Gabe gilt nicht nur uns; sie zielt auf alle Menschen.*

Und dann: Es ist Gottes Wille, dass wir nicht für uns allein, nicht privat, sondern mit dem anderen zusammen im Glauben leben und im Leben glauben. Und es ist Gottes Wille nicht allein für uns, sondern für jeden Menschen. So weit greift Bonhoeffers mutiger Satz, dass die Kirche seit Christus der neue Wille Gottes mit den Menschen sei.

Gemeinde ist eine Gabe Gottes, der uns so und nicht anders in seiner Nähe hält.

Und so finden wir zu unserem Thema heute: Gemeinde missionarisch entwickeln. Ich will einfach die drei Worte dieses Titels nacheinander durchbuchstabieren: Gemeinde – missionarisch – entwickeln.

Erstens:
Gesunde Visionen von der *Gemeinde* Jesu finden

Träumen erlaubt – Visionen motivieren und aktivieren

Wo soll Ihre Gemeinde in fünf Jahren stehen? Welches Hoffnungsbild tragen Sie mit sich? Das ist die Frage nach der Vision. Andernfalls geht es uns leicht wie Karl Valentin, der bei einem seiner Spaziergänge durch München gefragt haben soll: „Entschuldigen's, wissen Sie, wo ich hin will?" Manchmal sind wir so wie der große Karl Valentin, wir in der Kirche: Wohin soll die Reise gehen, was ist unsere Vision?

Paul Zulehner meint: „Moderne Organisationsentwicklung lehrt, dass ein Unternehmen, das vorankommen will, wissen muss, wo es hin will. Dazu braucht es [...] eine *Mission*, die aus der Vision kommt. Die Vision ist dann aber nichts anderes als der Stern, der den Weisen voranging und dem folgend sie beim gesuchten Kind an der Krippe ankamen (vgl. Mt 2,1-12)."[31] Welchem Stern folgen wir in Sachen Gemeinde? Und wieder könnte ich sagen: Das wäre ein anderer Beginn als der sonst so übliche: Sonst fangen wir immer damit an, einander zu klagen, wie schwierig es ist, und welche Sorgen wir haben, wenn wir an unsere Gemeinde denken. Darum stelle ich diese Frage: Welches Hoffnungsbild macht uns Mut für die Mitarbeit in unserer Gemeinde, ja, zieht uns geradezu an, weckt in uns gleichermaßen Vorfreude wie Tatendurst?

> *Welches Hoffnungsbild macht uns Mut für die Mitarbeit in unserer Gemeinde, weckt in uns gleichermaßen Vorfreude wie Tatendurst?*

Das alles leistet nämlich eine Vision: Wer eine Vision hat, sieht vor seinem geistigen Auge schon jetzt, was noch nicht ist, aber werden kann. Er sieht es vor sich, wie es langsam entsteht und endlich dasteht. Alles, was wird, entsteht dann nämlich zweimal: erst im Geist, dann in der Realität. Wer je ein Haus gebaut hat, kennt das: In der Phantasie steht das Haus schon da, die Kinder tollen im Garten herum, wir sitzen auf der Terrasse und genießen den Frühling, drinnen im geräumigen Wohnesszimmer ist schon der Tisch gedeckt. Und dann fangen wir an, dieses Haus tatsächlich zu bauen, überstehen sämtliche Krisen, die damit verbunden sind, und endlich, endlich steht es dann wirklich da.

Der Bau der Gemeinde entsteht auch zweimal: erst in unserer Vision, dann in der Wirklichkeit. Wir sehen vor uns die Gemeinde, vielleicht wie Menschen zum Gottesdienst strömen, die heute noch nichts davon ahnen. Drinnen spielt leise Musik, draußen wird noch fröhlich geplaudert. Die Predigt ist humorvoll, lebensnah, zu Herzen gehend – und sie macht Gottes Wort so liebenswert, dass viele sich ihm öffnen. Menschen loben Gott voller Freude, andere finden endlich einen Ort für ihre Tränen. Unter der Woche treffen sich viele zum Austausch, zum Bibellesen und Beten. Ohne viel Aufhebens geschieht viel an gegenseitiger Hilfe. Manchmal erzählen Menschen im Gottesdienst davon, wie sich ihr Leben verwandelt hat, seitdem sie bei Christus und den Christen daheim sind.

Die Träumer arbeiten anders, das ist meine These. Sie kennen vielleicht die kleine Geschichte von drei Männern, die Steine behauen. Der eine hat nichts anderes vor sich als einen Stein. Missmutig sagt er, was er tut: Er behaut Steine. Der zweite sieht ein wenig weiter. Er sieht, dass er ein bestimmtes Werkstück herstellt, z.B. einen Spitzbogen. Aber weiter sieht er nicht. Ein großes Ganzes, in das sich sein Tun einfügt, hat er nicht vor Augen. Nur der dritte unterscheidet sich grundlegend. Auch er muss sich am harten Stein abmühen, aber er sieht etwas Großes vor sich: Sein mühsam behauener Stein ist Teil einer großen Kathedrale, die sich hier eines Tages erheben wird. Dieses Bild hat er vor Augen und es

Träumer arbeiten anders. Visionen sind wie ein Stern, der uns leitet. Wer eine Vision hat, erlebt auch Passion.

lässt ihn Tag für Tag seine Arbeit mit Freude und Erwartung tun. Das ist der Unterschied: Was ist das große Bild der Zukunft, das mich jeden Tag sanft nach vorne zieht?

Visionen sind wie ein Stern, der uns leitet. Wer eine Vision hat, erlebt auch Passion. In unserem missionarischen Projekt „GreifBar" ist das so: Wir träumen von einer Gemeinde für die vielen konfessionslosen und kirchendistanzierten Menschen in unserer Region. Unser Verheißungswort steht in der Apostelgeschichte (18,9 f): „Es sprach aber der Herr durch eine Erscheinung in der Nacht zu Paulus: Fürchte dich nicht, sondern rede und schweige nicht! Denn ich bin mit dir, und niemand soll sich unterstehen, dir zu schaden; denn ich habe ein großes Volk in dieser Stadt." Wir feiern Gottesdienste nach dem Vorbild von Willow Creek, wir bieten Glaubenskurse an, haben mehrere Hauskreise und versuchen, von Anfang an Diakonie und Seelsorge in unsere missionarische Arbeit zu integrieren. Was aber auffällig ist: Wenn die Mitarbeiter irgendwo zusammentreffen, dann brauchen sie meist keine fünf Minuten, um begeistert und angeregt darüber zu sprechen, wie es weitergehen kann. Und wenn etwas dann tatsächlich da ist, wenn etwa ein konfessionsloses Ehepaar sich taufen lässt und bezeugt, was ihm das bedeutet, dann sitzen alle mit Tränen in den Augen da und sagen sich: Genau dafür lebe ich, bin ich gemacht und lohnt es sich, alle Kraft einzusetzen. Das schafft eine Vision. Nebenbei hilft sie uns zu sortieren, was wir tun und wo wir sagen: „Oh, gute Idee – machen wir auch nicht!" Und wenn Probleme kommen, wenn es Widerstand gibt, wenn ein Gottesdienst völlig danebenging, dann sagen wir: Und dennoch, unsere Vision ist uns so ans Herz gewachsen, dass wir sie jetzt gewiss nicht aufgeben. Und wenn wir uns im Kleinkram des Organisierens verlieren oder gerade mal wieder einer von uns seine Dickköpfigkeit auslebt, dann korrigiert uns die Vision, indem sie Wichtiges von Unwichtigem scheiden hilft.

Noch ein Letztes leistet die Vision: Sie ist immer etwas zu groß für uns selbst. Es gibt natürlich auch Menschen, die halten es lieber bescheiden. Ich glaube, Visionen müssen gottvoll sein, sie sind immer ein Stück zu groß für uns, sodass wir zwar mit Eifer arbeiten, aber eben auch Beter werden. Wir wissen als Christen, dass wir von Gott abhängig sind, aber mit einer großen Vision rutscht dieses Wissen vom Kopf ins Herz. Dann aber kommt ein großes Zutrauen in unser Denken über die Gemeinde: Es muss nicht immer nur bergab gehen. Es muss nicht so bleiben, wie es ist. Es kann noch einmal ganz anders werden.

These 2 *Eine gesunde Vision von der Zukunft unserer Gemeinde macht uns hoffnungsfroh und tatendurstig. Sie hilft uns zu unterscheiden zwischen dem, wozu wir ja und wozu wir nein sagen. Sie klärt unsere Prioritätendiskussionen und korrigiert uns, wenn wir uns verzetteln. Sie macht uns ebenso zu Tätern wie zu Betern. Alles, was entsteht, entsteht zweimal: im Geist und in der Wirklichkeit.*

Ungesunde Visionen als menschliche Wunschträume

Nun ist das alles ganz schön, aber auch etwas zu einfach: Denn wer Visionen hat, ist auch gefährdet. Es kann ja sein, dass wir uns böse täuschen. Und so gibt es doch ganz erhebliche Einwände gegen Visionen:

Jesus hatte alle Hände voll zu tun, die Jünger aus falschen Träumen aufzuwecken. Denken Sie nur an Jakobus und Johannes, die nur davon träumen, rechts und links von Jesus zu thronen (Mk 10,37). Der Traum der Macht musste korrigiert werden durch das Bild des dienenden Herrn (Mk 10,45). Oder an den Traum der Jünger von den schnellen Lösungen. Als der Herr ihnen nach Ostern erschien, wollten sie wissen, wie schnell er denn nun sein Reich aufrichten werde, ein neues Großreich Israel (Apg 1,6). Aber der Traum von den schnellen Lösungen wurde durch das Bild einer Zeugenschar ersetzt, die durch die Länder und durch die Zeiten geht – bis an das Ende der Welt (Apg 1,8).

So gibt es ganz sicher auch bei den heutigen Gemeindeträumern Visionen, die der Korrektur bedürfen. Vielleicht träumen auch wir von den schnellen Lösungen, den leichten Wegen und dem großen Ansehen in den Augen anderer. Vielleicht träumen auch wir letztlich davon, selbst groß herauszukommen. Vielleicht geht es uns nur darum, die mühsamen kleinen Schritte in der Gemeinde nicht mehr gehen zu müssen. Wenn uns die Vision vom Kreuz wegführt und leichte, schnelle Erfolge verspricht, dann sollten wir sehr hellhörig werden.

Auch Dietrich Bonhoeffer war an dieser Stelle sehr kritisch: Er spricht besonders die Unzufriedenen an, die, die der Gemeinde vorwerfen, dass ihre privaten Wünsche nicht erfüllt werden. Das gibt es in fast jeder Gemeinde. Da sind immer einige, die sich beklagen, ohne sich selbst zu opfern, die gerne genießen wollen, aber nicht dienen. Ihnen ist die Gemeinschaft meist nicht gut genug oder der Lobpreis zu schlaff oder der Schwung zu lahm. Es ist für Bonhoeffer geradezu eine Gnade, wenn solche Träume zerplatzen und wir in der Wirklichkeit ankommen.[32] Zu solchen Visionen sagt Bonhoeffer mit einiger Schärfe: „Gott hasst die Träumerei; denn sie macht stolz und anspruchsvoll. Wer sich das Bild einer Gemeinschaft erträumt, der fordert von Gott, von dem andern und von sich selbst die Erfüllung. Er tritt als Fordernder in die Gemeinschaft der Christen, richtet ein eigenes Gesetz auf und richtet danach die Brüder und Gott selbst. Er steht hart und wie ein lebendiger Vorwurf im Kreis der Brüder."[33]

Ich glaube, dass es eine wichtige Bedingung für geistliche Visionen gibt. Diese Bedingung hat etwas mit der grundsätzlichen Beschreibung unserer christlichen Existenz zu tun. Martin Luther sieht den Christenmenschen durch drei wesentliche Merkmale bestimmt, die er mit lateinischen Worten beschreibt: Oratio, Meditatio und Tentatio.[34] Das heißt zu Deutsch: Gebet, Schriftbetrachtung und Anfechtung. Der angefochtene Mensch sucht Zuflucht im Wort Gottes und bittet Gott um neue Gewissheit. Das ist alles drei in einem: Als Angefochtene schlagen wir die Bibel auf und fragen nach Gottes Trost und Weisung. Und das ist nichts Vorübergehendes: Immer neu müssen wir uns von Christus trösten lassen.

> *Unsere Vision von der Gemeinde ist nicht ein Produkt unserer Wunschträume. Gesunde Visionen entstehen, wenn wir miteinander in der Bibel nach Gottes Verheißungen für unsere Gemeinde fragen.*

Darum ist unsere Vision von der Gemeinde nicht ein Produkt unserer Wunschträume und Allmachtsphantasien, sondern Frucht von Oratio (das heißt von Gott erbeten), Meditatio (das heißt, im Treiben und Reiben des biblischen Wortes empfangen) und Tentatio (das heißt, auf die Not der persönlichen und kirchlichen Verhältnisse bezogen). Ein „ungetaufter" Traum stünde in der Gefahr, wie ein ungedeckter Scheck nur unsere Wunschträume darzustellen, die weder der Realität gerecht werden noch geistlich verantwortet sind. Im Gegensatz dazu steht der reformatorische Weg: „Im Meditieren horcht der Mensch nicht in sich hinein, geht er nicht in sich, sondern gerät er außer sich. Sein Innerstes lebt außerhalb seiner selbst allein in Gottes Wort. Darin ist es verfasst; es ist ‚das Herz wesentlich im Wort.'" (O. BAYER)[35]

These 3 *Freilich gibt es auch ungesunde Visionen, die nur unsere Wunschträume bestätigen oder unsere Nörgelei an der Gemeinde pflegen. Gesunde Visionen entstehen, wenn wir, angefochten wie wir sind, miteinander in der Bibel nach Gottes Verheißungen für unsere Gemeinde fragen und uns gerade so von Gott ermutigen und senden lassen. So beginnt die Entwicklung missionarischer Gemeinden.*

Miteinander aus dem Wort Gottes Visionen entwickeln

Wir hören dann zum Beispiel auf Lukas 10. Da geht es um das Doppelgebot der Liebe: Gott lieben mit allen Kräften, mit unserem Verstand und Gefühl und mit unserer Tat, und unseren Nächsten wie uns selbst. Davon träumt Gott: von einer Gemeinde, in der die Liebe im Lot ist. Die Liebe zu Gott, die Liebe untereinander, die Liebe zu einer Welt, die Gott nicht kennt und doch so nötig braucht. Wir lieben Gott, indem wir auf sein Wort hören, das Gespräch mit ihm suchen und ihn anbeten. Und wir lieben unseren

Nächsten, indem wir ihm gerne gönnen und geben, was auch wir vom Leben erwarten. Und dann wird es konkreter: Denen, die über ihrer Frömmigkeit gerne das Tun vergessen, wird die Geschichte vom Samariter erzählt: Der allein sieht den, der unter die Räuber fiel. Und er tut ganz schlicht das Nötige. Zupackende Liebe. Und denen, die nur auf ihr Tun bauen, wird von Martha und Maria erzählt, von der geschäftigen Martha, die nicht hört, wenn Jesus redet, die immerzu dient, während doch Jesus da ist und ihr dienen will. Hörende Liebe, der nichts wichtiger ist als die Nähe Jesu. Und beides zusammen ist ein Traumbild einer gesunden Gemeinde: lebendige Spiritualität und lebendiges Erbarmen, geistliches Leben und Diakonie. Und am Ende immer Menschen, die in der Nähe Jesu neu und heil werden.

Visionen für den Aufbau lebendiger Gemeinden wachsen uns also da zu, wo wir zusammenkommen und miteinander in der Bibel nachfragen, ob da nicht ein Wort für unsere Gemeinde zu finden ist. Und ich bin zuversichtlich, dass der Heilige Geist uns auch in dieser Hinsicht in alle Wahrheit leitet: Wo wir, angefochten durch die Gegenwart, betend und hörend miteinander die Bibel aufschlagen, wird Gott uns Verheißungen ins Herz legen und Mut machen, von unserer Gemeinde zu träumen. Vielleicht sagen Sie bisher: Träum' ich von meiner Kirche in der Nacht, so bin ich um den Schlaf gebracht.[36] Vielleicht sagen Sie dann: Wir träumen miteinander von unserer Gemeinde. Und Gottes Verheißungen machen uns Mut: Wenn wir träumen, wovon Gott träumt, dann träumen wir nicht vergeblich.

> *Wenn wir träumen, wovon Gott träumt, dann träumen wir nicht vergeblich. Nicht von dem zu träumen, was Gott will, wäre geradewegs Unglaube.*

Dann ist unser Träumen nichts als Gehorsam. Nicht von dem zu träumen, was Gott will, wäre geradewegs Unglaube.

Dann aber beginnt die Entwicklung missionarischer Gemeinden damit, dass wir Zeit haben, als Angefochtene zusammen in der Bibel zu forschen. Vielleicht ist unsere Vision anfangs unscharf. Das ist nicht schlimm. Sie wird schon mit der Zeit genauer zu erkennen sein. Vielleicht brauchen wir in der Gemeinde ein „Dream-Team" von Menschen, die nach Gottes Visionen für die Zukunft der Gemeinde fragen. Vielleicht sollen wir andere Gemeinde besuchen und uns inspirieren lassen von deren Erfahrungen. Vielleicht tut es uns gut, Berichte miteinander zu lesen von der Entwicklung lebendiger Gemeinden. Was uns Mut macht und Gottes Verheißungen gemäß ist, kann nur gut für uns sein, wenn wir uns auf den Weg machen.

Zweitens: *Missionarische* Gemeinde werden

Der pommersche Bischof Hans-Jürgen Abromeit[37] hat herausgearbeitet, dass Bonhoeffer gerade am Ende seines Lebens von einer großen Frage bestimmt war: „Was mich unablässig bewegt, ist die Frage, was das Christentum oder auch wer Christus heute für uns eigentlich ist."[38] Und er hat diese Frage in einer missionarischen Perspektive gestellt: „Wie kann Christus der Herr auch der Religionslosen werden?"[39] Das ist die missionarische Grundfrage: Es geht zuerst um Christus und sein Evangelium, das universal ist, nicht um den „Jesus für mich allein", sondern den „Herrn", dessen Herrschaft von allen Menschen, auch denen, die heute noch etwas ganz anderes glauben oder vermeintlich gar nichts glauben, anerkannt werden soll. Auch ihr Herr soll er werden, dass heißt doch wohl: als ihr Herr von ihnen geglaubt und anerkannt werden. Darum lehrte Bonhoeffer auch im Predigerseminar eine Predigtlehre, die „Christus zur Entscheidung predigt".[40]

Nun wird seit einigen Jahren eifrig über die Mission in der Kirche diskutiert. Man wird nicht mehr schief angesehen, wenn man von der missionarischen Gemeindearbeit spricht. Wir fangen an zu akzeptieren, was schon 1963 auf der Weltmissionskonferenz in Mexiko gesagt wurde: Mission ereignet sich auf allen sechs Kontinenten. Das ist ein großes Wort und leicht gesagt. Das bedeutet aber: Auch Deutschland ist Missionsgebiet. Das ist ein kleineres Wort und fiel uns schon sehr viel schwerer. Aber was meinen wir genau damit? Vier kleine Beiträge zu dieser Frage will ich Ihnen in diesem Abschnitt anbieten. Sie entsprechen den nächsten vier Thesen auf dem Thesenpapier:

Woher kommt unser missionarisches Handeln?

Das ist die erste Frage. Zunächst etwas Einfaches: Es geht nicht um bestimmte Veranstaltungen und Methoden. Mission ist nicht zu identifizieren mit der Zeltevangelisation oder ProChrist oder einem Willow-Creek-Gottesdienst. Mission ist weit mehr. Mission, so sagen wir wiederum mit der weltweiten Christenheit zusammen, ist die Sendung Gottes. Gott selbst sendet seinen Sohn in die Welt; beide, der Vater und der Sohn, senden den Heiligen Geist. Und dann sendet der Sohn auch uns und sagt: „Wie mich der Vater gesandt hat, so sende ich euch" (Joh 20,21). Das ist sozusagen der Ursprung der Mission im Herzen Gottes. Aber wie findet dieser Auftrag seinen Weg in unser Herz?

Woher kommen bei uns Wille und Mut, Freude und Bereitschaft zur Mission? Jetzt kommt der Teil meiner Antwort, der Sie vielleicht überrascht. Ich möchte nämlich noch einmal zurückkommen auf Lukas 10, diese Zusammenstellung der Geschichten von Maria und Martha einerseits, vom barmherzigen Samariter andererseits. Das ist von Lukas höchst kunstvoll gestaltet, um das Doppelgebot der Liebe zu illustrieren. Nun gehe ich einen Schritt weiter und sehe genau hier den Ort, an dem uns Mission zur Herzenssache wird.

Wie also? Indem wir uns erstens wie Maria so nah es geht bei Jesus aufhalten, auf ihn hören, ihm zu Füßen sitzen und uns von ihm prägen lassen. In seiner Nähe, unter seinem Wort, wird uns nämlich seine Sehnsucht anstecken und zu unserer Sehnsucht werden. Es geht darum, von der Sehnsucht Gottes angesteckt zu werden, Menschen zu gewinnen, die ihr Leben in unnötiger, kränkender und zerstörerischer Gottesferne leben. Unnötig zu sagen, dass damit auch ein missionarischer Stil geprägt wird, der von der Art Jesu bestimmt ist, und dem das Gewaltsame und Drängerische fremd ist. In der Nähe Jesu besteht höchste Infektionsgefahr für eine solche missionarische Sehnsucht.

Aber damit nicht genug! Denn es kommt ein Zweites hinzu. Wie wird Mission zu unserer Herzenssache? Indem wir ebenso die Nähe der Menschen suchen und uns von ihrem Leben berühren lassen, wie es beim barmherzigen Samariter geschah. Ihm ging das zu Herzen mit dem Mann, der unter die Räuber gefallen war. Er ging nicht vorüber, er kam näher und ließ sich hineinziehen in das Leben dieses Menschen, der un-

Mission entsteht im Zwischenraum von Spiritualität und Diakonie. Sie wurzelt in der Hinwendung zu Jesus und zum anderen Menschen.

ter die Räder gekommen war. Und er tat das Nötige, diente ihm und half ihm wieder auf die Beine. Wer die Menschen nicht mag und sich nicht berühren lässt von ihrem Ergehen, wird kaum ein Missionar nach der Art Jesu werden, allenfalls ein Missionstechniker, der Mitglieder für seine Missionsanstalt oder Zuwachs für seine Missionsstatistik sucht. Es braucht diese Nähe und Liebe zu konkreten Menschen, damit wir verstehen, worum es in der Mission Jesu geht. Kommen sie uns aber nahe, dann wird in uns auch der Wunsch wachsen, sie mögen selbst in die Nähe Jesu geraten, in der unser Leben heil wird.

Ich fasse diesen Gedanken mit meiner 4. These zusammen:

These 4 *Mission ist nicht zuerst die Frage (gar bestimmter) missionarischer Veranstaltungen und Methoden. Mission entsteht (Lk 10) zwischen „Maria", die sich in der Nähe Jesu aufhält, und dem „Samariter", der sich vom Geschick seines Nächsten berühren lässt. Anders gesagt: Sie entsteht im Zwischenraum von Spiritualität und Diakonie. Sie wurzelt in der Konversion (also der Hinwendung) der Missionare: zu Jesus und dann auch zum anderen Menschen.*

Noch einmal anders gesagt: Auch Mission lebt vom Doppelgebot der Liebe.

Was müssen wir lernen, wenn wir missionarisch handeln?

Die Antwort auf diese Frage ergibt sich fast schon aus dem Gesagten: Es ging ja um die Nähe zu anderen Menschen. Nun aber geht es auch im Vollzug von Mission um diese Nähe. Und da tun wir uns oft so schwer. Wir betrachten die Dinge meist nur aus unserer Perspektive:

Wir kennen die Bibel, mindestens einigermaßen. Wir sind vertraut mit der Liturgie im Gottesdienst. Wir verstehen die kirchliche Insidersprache, jedenfalls meistens. Wir mögen unsere Lieder und die große Tradition unserer Kirchenmusik. Und vieles ist uns so selbstverständlich, dass wir uns kaum vorstellen können, dass diese ganze Welt kirchlicher Kultur anderen Menschen fremd, seltsam und unzugänglich erschiene. Genau das aber ist der Fall.

Nun mache ich es kurz, denn dieser Gedanke ist nicht mehr ganz neu – hier liegt wohl das Herz der Willow-Creek-Arbeit: Wir wollen alles tun, damit kirchendistanzierte Menschen einen Zugang zum Glauben und zur Gemeinde bekommen. Wir wollen nicht von dem ausgehen, was uns lieb und vertraut ist, sondern von dem, was anderen hilft, dem Evangelium zu begegnen. Nicht die anderen müssen zuerst einmal unsere Sprache lernen, sondern wir wollen die Sprache der anderen lernen, um ihnen das Evangelium sagen zu können. Das ist die Haltung des Apostels Paulus, der allen alles werden wollte, nur um einige zu gewinnen (1. Kor 9,16-23).

Ich will Ihnen an dieser Stelle nur zwei Beispiele anbieten. Das eine zeigt das Problem, das andere die Haltung von Missionaren.

Das Problem: Vielen Menschen geht es mit dem Evangelium so wie einem Menschen, der Tolkiens „Herr der Ringe" nie gelesen hat und nun folgende Sätze hört: „Ich habe wirklich gute Nachrichten für Euch. Ihr müsst nicht mehr die böse Macht Saurons fürchten. Zwar ruht sein böses Auge immer noch auf Gondor, aber mit den Gaben von Galadriel werdet ihr es schaffen, das Böse zu besiegen. Folgt einfach der Spur von Smeagol und sucht Euren Weg nach Minas Tirith. Vertraut Gandalf dem Weisen;

er wird Euch beschützen. Ist das nicht eine frohe Botschaft? (frei nach Tolkien). Einige Ringfans werden die Worte verstehen, für viele andere hier hätte ich ebenso das Telefonbuch von Shanghai vorlesen können. So fremd aber ist vielen Menschen in einer Kultur, die sich vom Christentum entfernt, unsere kirchliche Sprache. Das ist sicher bei uns in Pommern noch einmal anders als hier in Baden. Bei uns kann es passieren, dass Menschen mit dem Namen Jesus Christus nichts mehr identifizieren. Aber die Probleme nehmen auch in den westlichen Landesteilen zu: Was wissen Menschen denn wirklich noch vom Evangelium?

Die Haltung von Missionaren lerne ich von wirklichen Missionaren, etwa von den Wycliff-Bibelübersetzern. William Cameron Townsend begründete diese größte Missionsgesellschaft der Welt, weil ihn ein Eingeborener in Guatemala 1918 fragte: „Wenn dein Gott so groß ist, warum spricht er dann nicht meine Sprache?" Heute versucht Wycliff, „die ganze Welt mit der Schrift vertraut [zu] machen".[41] Das ist die Missionsherausforderung schlechthin: Sprachen lernen. Ich habe hier einige Statements von Menschen aus sehr verschiedenen Ländern: „Wenn Gott zu mir in Quechua spricht, geht mir das direkt ins Knochenmark."

Darum geht es. Sprachen lernen! Es gibt so viele Fremdsprachen unter uns.

„Seit meine Tochter mir aus der Bibel in meiner Sprache vorliest, weiß ich, dass unser Pastor sich die Geschichten nicht selbst ausdenkt." „Wenn wir die Bibel nicht in unserer Muttersprache haben, wird unser Glaube nur 2 cm tief." Darum geht es. Sprachen lernen! Es gibt so viele Fremdsprachen unter uns: Der Akademiker spricht anders als der arbeitslose Jugendliche. Der Pommer spricht anders als der Badener. Menschen in der

Platte sprechen anders als die Häuslebauer am Stadtrand. Kirchenleute sprechen anders als Konfessionslose. Oma spricht anders als ihr Enkel. Darum meine 5. These:

These 5 *Mission lebt vom Perspektivenwechsel, das heißt, von der Fähigkeit, die Welt (auch des Glaubens) aus der Sicht des Menschen zu sehen, dem das Evangelium fremd ist. So ist Mission vom Bemühen getragen, die Sprache des anderen zu lernen und in dieser Sprache das Evangelium zu bezeugen.*

Aber es bleibt nicht beim Sprachenlernen:

Wie kann missionarisches Handeln heute gelingen?

Wenn Wolf Krötke Recht hat, haben wir die Menschen massenhaft verloren, werden sie aber nur als Einzelne wiedergewinnen. Wie gewinnen wir Menschen? Darauf bekommen wir zwei spannende Antworten aus der Anglikanischen Kirche. Zwei Antworten auf die Frage nach dem Wie, die beide wiederum nichts mit besonderen Veranstaltungen zu tun haben. Man hat in England Menschen befragt, die sich erst als Erwachsene haben taufen oder konfirmieren lassen: „Was hat euch eigentlich erreicht und gewonnen?"

Erste Antwort: „Wir wurden vor allem durch Beziehungen zu Christen gewonnen, die fromm und dennoch normal waren. Mehr noch: die kontakt- und auskunftsfähig waren." Alle anderen Bemühungen der Kirche fallen gegenüber diesem Faktor „B" wie gute Beziehungen weit zurück. Das ist die erste Einsicht aus England.

Ich muss dazu etwas mehr sagen. In der rheinischen Kirche gab es die Synodalvorlage „Auf Sendung". Dort ging man so an das Thema heran: Jeder, der glaubt, wurde durch die Mission eines anderen gewonnen. Das war die

Mutter, die abends am Bett mit uns betete, der Religions-
lehrer, der keine Angst vor kritischen Fragen hatte und
doch glaubte, der Freund, der beharrlich zum Grundkurs
des Glaubens einlud, die Nachbarin, die da war, als der
Mann starb.

Alltagsmissionare möchte ich diese Zeugen Gottes
nennen, weil wir uns hier oft überfordern und dann von
uns und anderen erwarten, als Mini-Theologen durch
die Gegend zu laufen, die
anderen, ob sie es wollen
oder nicht, die vollstän-
dige christliche Botschaft
liefern. Ich glaube dage-
gen: Diese Alltagsmissio-
nare haben eine einfache

*Menschen werden vor allem
durch persönliche Beziehungen, Begleitung über längere
Zeit und Teilnahme an Glaubenskursen gewonnen.*

Grammatik, die sich leicht konjugieren lässt: Ein *Ich* hat
etwas erlebt und kann davon erzählen, ein *Du* wird
freundlich angesprochen und fühlt sich ernst genommen,
aber auch berührt. Dabei ist von *Ihm* die Rede, dem
Dritten im Bunde, der beiden als großzügiger und starker
Gott begegnet. Mir liegt an diesem bescheidenen Ansatz
der kleinen Erzählungen, die doch offensichtlich so über-
raschend sind, dass sie andere Menschen „öffnen". Da
ist kein Eifer im Missionarischen, kein evangelistischer
„Überdruck", der so unausstehlich sein kann, eher eine
stille und kraftvolle Selbstverständlichkeit, die offenbar
denen leichter und eher zuwächst, die erst neu dazukom-
men. Und dann verbindet sich dieses schlichte Zeugnis
mit Angeboten der Gemeinde, in denen es tiefer und weiter gehen kann, zu denen die schlichten Alltagsmissionare
die Türe öffneten.

Denn die zweite englische Einsicht lautet: Menschen
kommen zum Glauben, wenn sie über längere Zeit begleitet werden und die Chance bekommen, in überschaubaren

Gruppen das Evangelium selbst zu entdecken. „Nurture Courses", zu Deutsch Glaubenskurse, sind das bei weitem erfolgreichste Instrument gemeindlicher Mission in England. Dabei ist jeder Faktor wichtig: Zeit (die Menschen brauchen oft lange, bis sie gewonnen sind), Begleitung (durch eine Art von persönlicher Patenschaft) und Gespräch, die kleine Gruppe, die herzliche Atmosphäre, Tischgemeinschaft und das deutliche Glaubensthema. Ganz wesentlich ist auch die Einladung, dem Anfang im Glauben eine Gestalt zu geben: also sich taufen zu lassen, ein Gebet des ersten Vertrauens zu Christus zu sprechen, zur Beichte zu gehen oder sich in einem Gottesdienst für das beginnende Christsein segnen zu lassen.[42]

These 6 *Mission heute geschieht in der Bereitschaft, dem anderen Begleitung auf Zeit zu gewähren, durch die er das Evangelium kennen lernen kann. Die Alltagsmissionare unserer Zeit brauchen die Unterstützung der Gemeinde, die angemessene „Räume" zur Verfügung stellt, in denen Menschen erfahren können, was Glauben bedeutet.*

Worauf zielt unser missionarisches Handeln?

An dieser Stelle möchte ich Ihnen gerne Mut machen. Vielleicht war das missionarische Handeln früher von zu viel Druck bestimmt, sodass in den Sälen die Seelen bearbeitet wurden. Das ist heute eher die unrühmliche Ausnahme. Wir aber müssen darauf achten, dass wir nicht zu zaghaft und zurückhaltend sind, wenn es darum geht, dass Menschen anfangen zu hören, zu beten, zu vertrauen und ihr Leben von Gott umformen zu lassen. Ebenso wenig sollten wir eine falsche Zurückhaltung zeigen, wenn es darum geht, andere in der Gemeinde zu beheimaten. Für viele in England war es der entscheidende Anstoß, von einem freundlichen Mitmenschen eingeladen zu werden, mit in den Gottesdienst zu kommen. Ohne

Gemeinschaft überlebt unser Glaube nicht. Und wenn gerade erst Vertrauen zu Gott aufkeimt, dann brauchen auch unsere neu gewonnenen Schwestern und Brüder regelmäßige Gemeinschaft des Glaubens. Auch für sie gilt, was wir am Anfang von Bonhoeffer hörten:

„Die Kirche ist der neue Wille Gottes mit den Menschen."[43] „Darum braucht der Christ den Christen, der ihm Gottes Wort sagt."[44] Denn: „Der Christus im eigenen Herzen ist schwächer als der Christus im Worte des Bruders; jener ist ungewiss, dieser ist gewiss."[45]

These 7   *Mission zielt auf Konversion und Beheimatung in der Gemeinde.*

Drittens: Missionarische Gemeinde *entwickeln*

Bereitschaft zu Veränderung und neuen Formen

Dietrich Bonhoeffer ist es bald klar geworden, dass sich die Gemeinde auf ihrem Weg durch die Zeit ändern und erneuern muss. In einem Brief an einen Täufling schaut Bonhoeffer weit über seine Gegenwart hinaus: Er sieht das Herzstück christlichen Lebens im Beten und im Tun des Gerechten. Ich könnte auch sagen: bei Maria und dem barmherzigen Samariter. Und dann schreibt er: „Alles Denken, Reden und Organisieren in den Dingen des Christentums muss neugeboren werden aus diesem Beten und diesem Tun. Bis du groß bist, wird sich die Gestalt der Kirche sehr verändert haben. Die Umschmelzung ist noch nicht zu Ende, und jeder Versuch, ihr vorzeitig zu neuer organisatorischer Machtentfaltung zu verhelfen, wird nur eine Verzögerung ihrer Umkehr und Läuterung sein."[46]

Wenn wir eine missionarische Gemeinde entwickeln, dann schließt dies ein, dass diese sich ändern muss. Es gibt eine nette Geschichte zu diesem Thema:

Ein junges Mädchen sieht zu, wie ihre Mutter in der Küche steht und den Festtagsbraten in den Ofen schiebt. Die Mutter schneidet vorne und hinten ein Stückchen vom Braten ab, bevor sie ihn in die Kasserolle legt. „Warum schneidest du vorn und hinten etwas ab, Mama?", fragt die Tochter. „Hm", antwortet die Mutter, „gute Frage. Ehrlich gesagt, ich weiß es nicht. Meine Mutter hat es so gemacht." Die Mutter ist aber neugierig geworden und greift zum Telefon. Sie ruft also die Großmutter an: „Sag mal, warum hast du immer die Enden vom Braten abgeschnitten, bevor du ihn gebraten hast?" Die Großmutter denkt einen Moment nach, und dann sagt sie: „Du, keine Ahnung. Ich muss es von meiner Mutter gelernt haben. Du, ich ruf sie an." So ruft die Großmutter im Altenheim bei der Urgroßmutter an: „Du, wir schneiden doch immer die Enden vom Braten ab. Warum machen wir das? Warum hast du das gemacht?" Und die Urgroßmutter hat die Antwort: „Na, ganz einfach, mein Kind! Wir hatten doch nur diese eine Pfanne und die war einfach zu klein."[47]

So ist es manchmal mit Traditionen. Wir wissen eigentlich nicht mehr, warum wir etwas tun, aber wir halten mit großer Überzeugung daran fest. Gemeindeaufbau hat mit dem Mut zur Veränderung zu tun. Wir machen vieles, weil es die Mütter und Väter so gemacht haben. Und unser Herz hängt daran. Die Dinge sind uns vertraut. Sie bedeuten uns viel. Wir freuen uns, wenn bestimmte Lieder gesungen werden. Uns liegt an einem bestimmten Stil unserer Veranstaltungen, in denen wir einander kennen und miteinander sehr vertraut sind. Wir schätzen unser Gesangbuch und die altvertraute Liturgie. Wir verstehen die Sprachspiele, die bei uns üblich sind. Wir stehen in einer festen Tradition, wann bei uns Gottesdienst ist und wie das aussieht. Unsere Arbeit hat einen klaren Rhythmus.

Das alles will ich gar nicht kritisieren. Ich möchte nur fragen, ob wir uns vorstellen können, dass dennoch Veränderung notwendig ist. Das hat etwas mit dem weiten Herzen für die Menschen zu tun, die Gott noch nicht kennen. Veränderung bedeutet dann nicht: Jetzt geben wir alles auf, was uns lieb und wichtig ist. Veränderung kann zum Beispiel bedeuten: Wir beginnen neben dem Vertrauten etwas Neues. Was uns nach innen guttut, muss nicht auch nach außen gut sein. Veränderung kann bedeuten: Wir durchforsten unsere Traditionen, ob sie vielleicht an mancher Stelle der Öffnung für Menschen, die wir gewinnen wollen, im Wege stehen. Paulus war bereit zur Selbstentäußerung. Er war bereit, sehr viel Leben zu verlieren, um Leben zu gewinnen (1 Kor 9,19-23). Er war nicht bereit, das Evangelium dem Geschmack der Menschen anzupassen, aber er war bereit, sich in der Sprache, der Zugangsweise, der Kultur des Glaubens ganz auf die einzulassen, die er gewinnen wollte.

Umgekehrt gibt es Gemeinden, die ganz langsam sterben, weil die Selbsterhaltung alle Kraft verzehrt. Es muss so bleiben, wie es immer schon war. Dabei ist es etwas ganz Natürliches, dass Lebendiges das Licht der Welt erblickt, seine Zeit hat und dann stirbt. Unsere Traditionen sind nichts anderes. Sie kommen, haben ihre Zeit und dann gehen sie. Oder: Sie gehen nicht, weil wir an ihnen mit einer gewissen Verbissenheit festhalten. Dann aber verhindern wir, dass etwas Neues das Licht der Welt erblicken kann.

Missionarische Gemeinden leben in einem gesunden Lebenskreislauf.[48] Das ist eben der natürliche Lebensrhythmus von Geburt, Leben und Sterben. Und das ist jetzt vielleicht etwas ungewohnt für unsere Ohren, aber es gibt diesen Rhythmus auch im geistlichen Leben und in der Gemeinde. Auch das, was wir da tun, ist nicht für die Ewigkeit bestimmt, sondern zeitlich. Je mehr sich ein Mensch in seinem Leben verschenkt und investiert, umso weniger Sorgen macht er sich um sich selbst. Und

> *Eine gesunde Gemeinde lässt sterben, was gut war, Segen brachte, aber nun seine Zeit hatte. Sie kann Abschiede hinnehmen und neu aufbrechen.*

je mehr er um sich selbst kreist, desto sorgenvoller schaut er auf sein Ende. Auf einer Norwegenreise war ich einmal fasziniert von einem Lachsmuseum. Dort wurde der Lebensweg des Lachses nachgestellt. Sein Weg aus dem heimatlichen Fluss ins Meer, sein Wachsen und Starkwerden im Meer, sein instinktsicheres Zurückkehren in den heimatlichen Flusslauf, wo er Nachwuchs hervorbringt und stirbt. Was ich meine, ist dies: Jede Generation gestaltet Gemeinde auf ihre Weise – und es ist nur zu gut, wenn sie diese Weise auch liebt und an ihr hängt. Aber gesundes Leben kommt und geht. Und dann kommt die nächste Generation. Joe Cocker singt: „N'oubliez jamais, every generation has its way!"[49] Jesus wiederum sagt uns, dass das Weizenkorn in die Erde fallen und sterben muss, damit es Frucht bringt (Joh 12,24). Dass heißt: Eine gesunde Gemeinde lässt auch sterben, was gut war, Segen brachte, aber nun seine Zeit hatte. Sie kann Abschiede hinnehmen und neu aufbrechen. Sonst versteinert sie und wartet nur noch ihrem Tod entgegen, missmutig, weil die Zeit an ihr vorbeiging und die Menschen sie nicht mehr mögen.

Darum geht es mir, wenn ich in unserem Kontext von Veränderung rede: um einen Schub an Modernisierung um der verlorenen Menschen willen. Es geht darum, auch neuen Ausdrucksformen des Glaubens Raum zu geben, neuen Gottesdienstmodellen, aber auch neuen Gemeindemodellen in unseren Landeskirchen. Neben unseren Ortskirchengemeinden brauchen wir Personal- und Profilgemeinden, geistliche Zentren und Gemeinden für Jugendliche, Gemeinden in Schulen und Cafés, an sozialen Brennpunkten oder im Herzen der Städte für bestimmte Zielgruppen. Ich staune oft, wie wenig Widerstand ich in theologischen Fragen bekomme, wie heftig aber die Aufregung ist, wenn es auch um Veränderungen in kirchlichen Strukturen geht.

These 8 *Lebendige Gemeinden sind bereit, sich zu wandeln. Altes muss sterben, damit Neues Raum bekommt. Freilich sind es oft schmerzhafte Prozesse, die durchlaufen werden müssen.*

Mission braucht Vielfalt

Sie merken schon, dass dies auch mehr Vielfalt einschließt. Es wäre töricht zu meinen, dass für alle dasselbe gut ist. Wir brauchen gerade in missionarischer Hinsicht mehr Vielfalt und Phantasie und weniger Imitation und Einerlei. Es ist beispielsweise keineswegs so, dass für alle der traditionelle Hauptgottesdienst der geeignete Zugang ist. Wir haben das gerade für die Badische Kirche zeigen können, dass die Generation der Menschen zwischen 30 und 50 viel stärker auf die neuen Gottesdienstformen anspricht. Es ist aber ebenso falsch zu glauben, dass nun umgekehrt bestimmte moderne Gottesdienstformen alle erreichen. Eine gesunde Vielfalt brauchen wir gerade, wenn wir möglichst vielen Menschen möglichst viele Gelegenheiten geben wollen, das Evangelium kennen zu lernen. Wir könnten uns viel Streit in der Kirche sparen, wenn wir uns so – gleichsam in versöhnter Verschiedenheit – begriffen: als Ergänzung und nicht als Gegner. Meine vorletzte These lautet auch darum:

These 9 *Angesichts der zunehmenden Individualisierung und Pluralisierung unserer Lebenswelt werden sich auch die Lebensformen der missionarischen Gemeinden pluralisieren. Wir brauchen eine Vermählung von Pluralität und Mission in der Kirche.*

Miteinander in der Gemeinde Perspektiven entwickeln und gestalten

Veränderung will aber mit Verantwortung gestaltet werden. Es ist ein verantwortungsvolles Geschäft, Gemeinden zu verändern. Wir wollen ja verändern und nicht zerstören. Wie kann man verantwortungsvoll Veränderungsprozesse initiieren? Wie kommen wir zu einem Konzept? Seit Kürzerem gibt es auch in Baden das Angebot der

> *Eine neue Perspektive für die Gemeinde entsteht nicht am einsamen Schreibtisch des Pfarrers, sondern im Gebet und Gespräch der Gemeinde.*

Perspektivberatung. Dieses Angebot hat seinen besonderen Charme durch ein paar Eckwerte: Das Wichtigste ist, dass die Perspektiventwicklung viele beteiligt. Eine neue Perspektive für die Gemeinde entsteht nicht am einsamen Schreibtisch des Pfarrers, sondern im Gebet und Gespräch der Gemeinde. Dazu lädt sie einen Moderator ein. Dieser leitet zu fünf Gesprächsschritten an, die mit bis zu 25 Menschen innerhalb eines Tages (zum Beispiel von Freitagabend bis Samstagnachmittag) vollzogen werden:

Erstens: Wo stehen wir heute? Eine Metapheranalyse soll einen Einblick in den Ist-Zustand vermitteln. Die Aufgabe lautet, folgenden Satz zu vervollständigen: „Unsere Gemeinde ist wie …". Berühmt wurde die Antwort:

Drittens: Missionarische Gemeinde entwickeln

„… wie eine Pizza: bunt aber flach!" Die Metaphern werden gesammelt, Gemeinsamkeiten werden herausgearbeitet, bis ein Bild vom Zustand der Gemeinde entsteht.

Zweitens: Was sagt uns das biblische Wort? Bibeltexte werden von den Einzelnen gesucht und in die Gruppe eingebracht. Über ein Punktsystem wird ein Bibeltext gefunden, der danach in Ruhe betrachtet und besprochen wird. Dieser soll den Weg der Gemeinde in der nächsten Zeit prägen.

Drittens: Welches Traumbild von unserer Gemeinde haben wir? Stellen Sie sich vor, Sie kommen nach einer fünfjährigen Abwesenheit zurück in Ihre Gemeinde, die sich zum Besseren gewandelt hat. Wie sähe sie aus? Ähnliche Wünsche und Hoffnungen werden zu Wunschfeldern zusammengefasst. Ein Wunsch soll in der nächsten Zeit an der Spitze stehen.

Viertens: Wie sieht unser Leitsatz aus? Erst in Zweiergruppen, dann in Vierer- und Achtergruppen, schließlich im Plenum wird an einem einzigen Leitsatz gearbeitet, der aus zwei Teilen besteht: Wo stehen wir jetzt? Und wohin wollen wir aufbrechen? Dieser Leitsatz ist der eigentliche Perspektivsatz.

Fünftens: Konkrete Maßnahmen werden geplant. Welche vorhandenen oder neuen Projekte helfen uns, dem Leitsatz gemäß auf unsere Vision von Gemeinde zuzugehen? Welche Aktivitäten tun das nicht, müssen vielleicht sogar eingestellt werden? Und welche müssen verändert oder aber verstärkt werden? Die Perspektivberater wissen, dass die eigentliche Klippe die tatsächliche und oft mühsame Umsetzung ist. Darum werden sie am Ende noch einmal ganz konkret: Wer übernimmt die Federführung (als „Taktschläger")? Was soll bis wann mit wem getan werden?

These 10 *Von besonderer Bedeutung ist dabei der Schritt vom „Ich" zum „Wir". Missionarische Gemeindeentwicklung gibt Prozessen Raum, in denen die Gemeinde selbst zum Subjekt ihrer Verwandlung wird, zum Beispiel in der „Perspektiventwicklung". Hier wird beispielhaft deutlich, wie eine Gemeinde ihre Lage analysieren kann, um dann auch zu einer biblisch verwurzelten Vision, einem Leitsatz und konkreten Maßnahmen zu finden.*

Schluss

Ich habe Ihre Aufmerksamkeit lange beansprucht. Ich glaube aber, es lohnt sich, an der Entwicklung missionarischer Gemeinden mitzuarbeiten. Es ist eine der aufregendsten Baustellen, die es gibt. Wir bauen ja tatsächlich eine Kathedrale, ein Haus Gottes und der Menschen, ein Haus zum Heilwerden und zur Veränderung. Wenn wir heute auch immer wieder an Dietrich Bonhoeffer erinnert wurden, dann deshalb, weil er nicht nur zu Recht unter die Märtyrer des 20. Jahrhunderts gezählt wird, sondern weil er ein Theologe und Christ war, dessen Leben und Denken von der Liebe zur Gemeinde bestimmt war.

Herzlichen Dank für Ihre Aufmerksamkeit.

Einladende Gemeinde – Wachsende Kirche

Empfang des Dekanatsbezirks Erlangen (6. 5. 2007)

Einleitung

„Ein Mann stöbert in einem kleinen Antiquitätengeschäft […]. Der Laden ist überwiegend mit Nippes und wertlosen Sachen vollgestellt. Aber auf dem Boden bemerkt der Mann etwas, das wie eine chinesische Vase aussieht. Als er sie genauer in Augenschein nimmt, stellt sich heraus, dass es sich um ein kostbares Stück aus der Ming-Dynastie handelt, das von unschätzbarem Wert ist. Sie ist mehr wert als alle Dinge in diesem Laden zusammen. Der Besitzer hat eindeutig keine Ahnung, welchen Wert dieses Stück hat, denn die Vase ist mit Milch gefüllt und die Katze trinkt daraus. Der Mann sieht die Chance gekommen, das Geschäft seines Lebens zu machen. Er legt sich ganz schlau eine Methode zurecht, wie er die Vase zu einem Bruchteil ihres Wertes erwerben kann. ‚Sie haben da eine ganz außergewöhnliche Katze', sagt er zu dem Besitzer. ‚Wie viel verlangen Sie dafür?' ‚Oh, die Katze ist nicht zu verkaufen', sagt der Besitzer. ‚Sie hält den Laden von Mäusen frei.' ‚Ich muss sie unbedingt haben', entgegnet der Mann. ‚Wissen Sie was? Ich gebe Ihnen 100 Dollar für sie.' ‚Das ist sie eigentlich nicht wert', lacht der Besitzer, ‚aber wenn Sie sie unbedingt haben wollen, dann gehört sie Ihnen.' ‚Ich brauche noch etwas, um sie füttern zu können', fährt der Mann fort. ‚Ich lege noch zehn Dollar drauf und nehme auch dieses Schälchen, aus dem sie trinkt.' ‚Oh, das geht nicht. Dieses Schälchen ist tatsächlich eine antike chinesische Vase aus der Ming-Dynastie. Sie ist mein kostbarster Besitz und von unschätzbarem Wert. Aber das Witzige ist: Seit ich diese Vase habe, habe ich schon 17 Katzen verkauft.'"[50]

Liebe Schwestern und Brüder, die Fähigkeit, anderen einen Wert beizumessen, gehört zu den kostbarsten Gaben der Welt. Intensive Gemeinschaft hat etwas damit zu tun, im anderen etwas Wertvolles und Kostbares zu sehen. In aller Unscheinbarkeit trägt der andere ein unsichtbares Etikett Gottes: Mein kostbarster Besitz. Ein hebräisches Wort bringt dies besonders gut zum Ausdruck: „kabod". In diesem Wort vermengen sich dabei mehrere Komponenten: Gewicht, Ehre, Anerkennung, Herrlichkeit. Ich möchte heute die These aufstellen, dass die entscheidende Herausforderung der Gemeindearbeit darin besteht, Menschen so anzusehen und mit ihnen so umzugehen, dass für sie erfahrbar wird: Ich habe bei Gott „kabod". Ich bin Gottes wertvollster Besitz. Mein Leben hat bei ihm Gewicht. Das Evangelium des Sonntags Kantate ist der Heilandsruf Jesu: Kommt her zu mir alle, die ihr mühselig und beladen seid. Euer Leben hat Gewicht bei mir. Ich will euch erquicken und entlasten. Ihr seid für mich so wichtig, dass ich mich persönlich um euch kümmern will. Kommt in meine Nähe und es wird besser mit euch. Ihr seid wertvoll in meinen Augen.

> *Die entscheidende Herausforderung der Gemeindearbeit besteht darin, Menschen so anzusehen und mit ihnen so umzugehen, dass für sie erfahrbar wird: Ich bin Gottes wertvollster Besitz.*

Ich behaupte: Damit bin ich mitten in dem Thema, das mir gestellt wurde: Wie werden und bleiben unsere Gemeinden einladend? Was können wir tun? Ich möchte mit Ihnen vier Herausforderungen für eine einladende Gemeinde und eine wachsende Kirche anschauen. Was fordert uns heraus? Ich beginne mit der Herausforderung durch die Krise der Kirche, eile aber bald weiter zu etwas anderem: zur Herausforderung durch das Evangelium. Und wozu sind wir herausgefordert? Ich möchte zum einen etwas über den einladenden Lebensstil der Gemeinde sagen, zum anderen über die notwendige Vielfalt einer missionarischen Volkskirche. Das sind meine vier Kapitel für die nächsten 45 Minuten.

1. Die Herausforderung durch die Krise der Kirche

Ich habe gezögert, ob ich darüber sprechen, ja, das an den Anfang stellen sollte. Wir sind gewohnt, so zu beginnen. Das ist in solchen Vorträgen die Umsetzung der lutherischen Lehre von Gesetz und Evangelium. Zunächst gibt es ein paar eindrucksvolle Katastrophenmeldungen, die uns richtig in die Knie zwingen, dann aber kommt der große Trost, dass es gar nicht so schlimm ist, wenn man nur den überaus klugen Vorschlägen des Referenten folgt. Manche kann dieser Einstieg so lähmen, dass sie für irgendwelche guten Vorschläge kaum noch zu gewinnen sind, selbst wenn es sich wirklich um kluge Ideen handelt.

Dabei denken wir doch am Sonntag Kantate über die „einladende Gemeinde" nach und zwar mit der Hoffnung auf eine „wachsende Kirche". Die nachösterliche Zeit beschert uns diesen kräftigen Dreiklang: Jubilate – Cantate – Rogate! Freut euch und jubelt! Singt und lobt! Betet ohne Unterlass!

Dem durchschnittlichen Protestanten liegt nun allerdings das Klagen näher als das Loben und Singen. Ja, würde man das Kirchenjahr neu erfinden und dabei auf unsere Gemütslage Rücksicht nehmen, müsste es einen

Sonntag „Lamentamini" geben: Klaget, jammert, lamentiert. Das ist ein rechter protestantischer Dreiklang!

Das soll uns nur nicht geschehen an diesem schönen Abend. Darum sei der Blick auf die Krise kurz und prägnant:

1.1 Die Krisen der Kirche

Manche von uns wachen also auf und sorgen sich, wie es weitergehen soll. Abbau von Pfarrstellen, Streichung von Zuschüssen, Zusammenlegung von Gemeinden und Dekanaten. Das ist die finanzielle Krise. Wir haben gar nicht mehr Freude und Mut, uns mit geistlichen Fragen, mit einem Aufbruch der Gemeinde und der Hoffnung auf Wachstum zu befassen, weil uns Sparzwang und Strukturdebatten die Luft nehmen.

Dazu kommt ein allmähliches Abschmelzen des Mitgliederbestandes, verbunden mit einer Alterung der gottesdienstlichen Gemeinde. Immer noch treten mehr als 100 000 Menschen pro Jahr aus der Evangelischen Kirche aus. Das EKD-Impulspapier „Kirche der Freiheit" fasst es trocken zusammen: Wenn nichts geschieht, gibt es 2030 1/3 weniger Mitglieder, 50 % weniger Geld und statt 21 000 nur noch 13 000 Pfarrer.[51] Tun wir nichts, so das Omen aus Deutschlands „Vatikan", sind wir 2030 handlungsunfähig.

Besonders schlimm steht es um den Nachwuchs: Kinder, die geboren werden, werden nicht mehr automatisch auch getauft. „Und Kinder, die gar nicht erst geboren werden, können wir auch nicht taufen" (A. Noack). Erreichen wir die Kinder nicht, so wird es schwierig. Das Sozialwissenschaftliche Institut der EKD stellte Anfang 2007 in seinen Loccumer Thesen unter anderem Folgendes fest: „Wer in seinem Leben nicht frühzeitig als

Kind oder spätestens als Jugendlicher mit Kirche, Religion und Glauben in Berührung kommt, hat mit hoher Wahrscheinlichkeit kaum eine Chance, in späteren Lebensjahren ein positives Verhältnis zu Kirche und Religion zu entwickeln."[52] Das alles ist die Mitglieder- und Nachwuchskrise.

Ich komme aus Greifswald zu Ihnen, und da sieht es schon noch etwas dramatischer aus: Wenn im Weltmaßstab Westeuropa ein religiöses Katastrophengebiet darstellt, so ist Ostdeutschland dessen Epizentrum. Ostdeutschland ist so atheistisch wie Bayern katholisch.[53] Der Erfurter Bischof Wanke meint: „Einen konfessionslosen Thüringer zum Christen werden zu lassen scheint mir bedeutsamer, zumindest schwieriger, als einen animistischen Afrikaner zu taufen."[54] Bei einer Schulkonferenzsitzung in Greifswald fragte mich ein Vater ganz unschuldig: „Sagen Sie, der Greifswalder Dom, ist der noch in Betrieb? Finden da gelegentlich noch Gottesdienste statt?" Nach zwei Diktaturen und aus vielen anderen Gründen sind bei uns nur noch 20 % der Menschen in der Kirche. Die meisten Menschen sind in konfessionslosen Familien herangewachsen und wissen von Glauben und Kirche sozusagen nichts – ohne etwas zu vermissen. „Unsere Mecklenburger sind religiös immun", sagte gestern der Schweriner Bischof Hermann Beste in einer Sitzung. Jugendliche gehen ganz selbstverständlich zur Jugendweihe und nur sehr wenige zur Konfirmation. Im Osten Deutschlands ist die Zeit der Volkskirche vorüber – aber uns fehlen Wille und Entschlossenheit, uns wirklich wieder als Missionskirche zu verstehen.

Dazu kommt unsere innere Verunsicherung, bis in den Berufsstand der Pfarrer hinein, Verunsicherung im Gebet und Verunsicherung in der Berufsrolle, Verunsicherung im Glauben und in der Zielsetzung von Gemeindearbeit.

Viele sind einfach erschöpft durch Kritik, Niedergang und endlose Strukturdiskussionen. Ein Pfarrer in unserer Gegend stellte sich vor ein paar Tagen in seiner neuen Gemeinde vor. Frage: „Macht Ihnen das nicht zu schaffen, dass Sie für immer mehr Dörfer zuständig sind?" Antwort: „Ach wieso, es kommen doch auch immer weniger Menschen!" Das ist unsere Orientierungskrise.

Ich habe gezögert, davon zu sprechen. Warum? Weil wir gewohnt sind, so zu beginnen und dann nicht mehr davon loskommen, uns tief hineinsorgen in die offene und unklare Zukunft. Aber nicht davon zu reden, hieße, die Ausgangslage aus dem Blick zu verlieren und sich Illusionen zu machen, als ob es gar nicht so schlimm sei und mit unserer Kirche schon alles in Ordnung. Nein, wir müssen schon davon ausgehen, dass wir eine Kirche sind, die in der Krise steckt. Aber:

1.2 Wie gehen wir mit den Krisen um?

Ich stelle also diese Herausforderung an den Anfang, kommentiere sie aber dreifach:

Erstens: In der Verknappung der Möglichkeiten kann auch ein Anruf Gottes stecken. Als die Anglikanische Kirche fast bankrott war, meinte Bischof John Finney[55]: „Jetzt redet Gott in einer Sprache mit uns, die selbst wir Bischöfe verstehen: Geld." „Money talks!" Sie verstanden die Krise als Zeichen zum Aufbruch, zur Besinnung auf das, wozu Kirche da ist. Wenn uns das nicht gelingt, werden wir immer weiter und weiter „downsizen" (Paul Zulehner), von Strukturreform zu

> *In der Verknappung der Möglichkeiten kann auch ein Anruf Gottes stecken. Die Krise kann als Ermutigung verstanden werden, uns wieder auf das zu besinnen, wozu Kirche da ist.*

Strukturreform uns immer mehr verkleinern, uns zu Tode fusionieren, aber nicht mehr neu in die Zukunft der Kirche investieren. Natürlich müssen wir abbauen und manches betrauern, was nicht mehr geht! Gemeinde-abbau macht traurig! Aber zugleich müssen wir fragen, an welchen Stellen wir zugleich mutig investieren und auch Geld in die Hand nehmen sollen, um den Neuanfang zu wagen. Noch können wir es! Bischof Noack sagt es sogar so: „Wir sollen fröhlich kleiner werden und doch wachsen wollen!" Dafür müssen wir Prioritäten setzen: Wo wollen wir verstärkt fördern, weil es unser Auftrag ist? Was müssen wir bevorzugen, weil es für die Zukunft der Kirche unverzichtbar ist? Und was müssen wir, vielleicht eher mit Trauer als mit Freude, in Zukunft redu-zieren, lassen, beenden?

Hier sehe ich übrigens die Stärke des EKD-Impuls-papiers „Kirche der Freiheit": Es hat Mut zu sagen, was Priorität haben muss. Was wir in Zukunft noch tun, muss gut begründet sein, und zwar im Auftrag der Kirche selbst. Was wir tun, muss also ein evangelisches Profil haben. Anders gesagt: Wo „evangelisch" draufsteht, soll auch „evangelisch" drin sein. Wir brauchen Mut zur Kon-zentration auf das Wesentliche. Wir können und müssen nicht alles tun. Wir brauchen auch Mut, alte, vertraute Strukturen sterben zu lassen, wenn sie nicht mehr zu uns passen oder unserem Auftrag nicht mehr gemäß sind. Schließlich brauchen wir Mut, uns nicht um uns selbst zu drehen, sondern für andere da zu sein. Kurzum: Die Krise wird als Ermutigung verstanden, uns wieder auf das zu besinnen, wozu Kirche da ist.

__Zweitens:__ Das aber setzt voraus, dass wir nicht in der Krise selbst gottlos von der Kirche reden. Gottlos von der Kirche redet, wer nun nicht mehr mit Gott rechnet, wer allen Ernstes denkt, er könne und müsse mit seinem

Einsatz die Kirche retten, er müsse es, weil mit Gott leider nicht mehr zu rechnen sei. Die Gemeinde lebt aber von dem, was Gott tut. Er erhält seine Kirche und treibt die Sache des Reiches Gottes in der Welt voran. Darum wäre es fatal, über Gemeinde und Kirche nachzudenken, ohne mit Gott zu rechnen. Gemeindeaufbau ohne Gebet, ohne Zuversicht, ohne Verheißung. Das ist nun eine der Schwächen des Impulspapiers aus Hannover und Wilfried Härle[56] meinte in seiner Kritik zu Recht, man gehe an die Krise heran, „als ob alles Beten nichts nützt". Da ist es sicher gut, an Martin Luther zu erinnern und seine kräftigen Worte über die Sorge, die er an seinen Mitstreiter Melanchthon richtete: Ihn nannte er einen „unverbesserlichen Sorgen-Blutegel". Im Blick auf die Kirche schreibt er uns ins Stammbuch: „Wir sind es doch nicht, die da die Kirche erhalten könnten, unsere Vorfahren sind es auch nicht gewesen, unsere Nachkommen werden's auch nicht sein, sondern der ist's gewesen, ist's noch und wird's sein, der da spricht: ‚Siehe, ich bin bei euch bis an der Welt Ende.'"

Drittens: Dann besteht die Herausforderung darin, in der Krise nach Gott zu fragen, umzukehren von falschen Wegen, heimzukehren aus der Eigenmächtigkeit und neu zu fragen: Was willst du? Was verheißt du? Und was können wir dazu beitragen? Natürlich brauchen wir auch ein gutes Krisenmanagement, aber dieses Krisenmanagement wird umso besser sein, je mehr wir miteinander still werden und hören. „Wenn ihr umkehrtet und stille bliebet, so würde euch geholfen; durch Stillesein und Hoffen würdet ihr stark sein" (Jes 30,15.). Gemeindekirchenräte brauchen gerade jetzt mehr Zeit zum gemeinsamen Lesen der Bibel, um herauszuhören, wie Gott unsere Lage auslegt, was er will, wo er mahnt und was er verheißt – für die Kirche als Ganze und für unsere Gemeinde am Ort.

1. Die Herausforderung durch die Krise der Kirche

Ich glaube, dass es eine Konsequenz geben wird: Wir werden die Krise, auch den Niedergang der Volkskirche, annehmen. Wir werden ja dazu sagen, dass die Kirche von der Mitte der Gesellschaft an den Rand gerückt ist, dass die Kirche nicht mehr die alles bestimmende Einrichtung ist, die natürliche Autorität für Werte, das Monopol für Bildung und Lebenshilfe. Wir werden es wahrnehmen und annehmen als eine neue Platzanweisung Gottes. Dann aber ist das nicht das Signal zum Rückzug. Wir warten nicht beleidigt, bis es besser wird. Wir wissen, dass Gott Menschen sucht und Menschen Gott brauchen. Wir lernen wieder von den ersten Christen: Sie waren eine Minderheit am Rand der Gesellschaft. Aber ihr klares Christus-Zeugnis, ihre Worte und Taten haben Menschen etwas von dem Gewicht spüren lassen, das sie bei Gott haben, und das hat viele angezogen. So haben sie die damalige Welt verändert, als eine missionarische Minderheit!

Ich fasse zusammen: Ich bin davon überzeugt, dass wir einen nüchternen Blick auf den Zustand der Kirche wagen müssen und Gottes neue Platzanweisung als Minderheit annehmen müssen. Das ist ein Ja zu einer Kirche, die gleichwohl nicht um sich selbst besorgt ist, weil Gott für sie sorgt. Es ist ein Nein zu einer Kirche, die vergangener Größe nachtrauert und nur die Rettung möglichst großer Reste zum Programm erhebt.

2. Die Herausforderung durch das Evangelium

2.1 Mt 11,25-30

Am Sonntag Kantate, auf dem Scheitelpunkt zwischen Ostern und Pfingsten, hören wir das alte Evangelium aus Mt 11. Am Ende dieser Evangelienlesung kommt das Entscheidende:

> [28] *Kommt her zu mir, alle, die ihr mühselig und beladen seid; ich will euch erquicken.* [29] *Nehmt auf euch mein Joch und lernt von mir; denn ich bin sanftmütig und von Herzen demütig; so werdet ihr Ruhe finden für eure Seelen.* [30] *Denn mein Joch ist sanft, und meine Last ist leicht.*

Mühselige und Beladene werden in die Nähe Jesu gerufen. Ihnen soll es nicht noch schwerer gemacht werden. Im Gegenteil: Wo sie Jesus und seiner Gemeinde begegnen, sollen sie die Erfahrung machen: Mein Leben hat Gewicht bei Gott. Ich bin ihm wichtig. Und die Gewichte auf meinen Schultern werden leichter. Ich werde entlastet. Von Schuld und Bitterkeit. Von Überforderung und Selbstgerechtigkeit. Von mancher Last der Krankheit und Todesfurcht. Von der Unfähigkeit zu lieben und zu loben. Es wird besser mit mir. In der Nähe Jesu gibt es viel Grund zum Loben und Singen. Darum: Kantate! Singt dem Herrn ein neues Lied. Menschen erfahren Entlastung, beginnen zu singen und locken so wieder Menschen in die Nähe Jesu.

Ich bin bewegt davon, was geschieht, wenn bei uns Menschen diese Erfahrung machen. Wir haben vor knapp fünf Jahren in Greifswald GreifBar gegründet, zuerst ein Gottesdienstprojekt mit Gottesdiensten, deren Gestalt und Gehalt an der Frage orientiert sind, was suchenden Kirchenfernen hilft, in die Nähe Christi zu finden. Daraus hat sich eine Gemeinde entwickelt, die im Wesentlichen einen eher lockeren Sonntagsgottesdienst, Hauskreise, Glaubenskurse und Dienstgruppen anbietet. Und das vollständig ehrenamtlich und selbstfinanziert. Das ist aber alles nur Organisation. Viel wichtiger ist uns, dass wir Mitmenschen etwas spüren lassen von der Liebe und Kraft des auferstandenen Christus. Wie wir singen und beten, was wir predigen, wie wir mit Gästen umgehen, wie wir den Raum gestalten, welche Themen und Worte wir wählen – alles soll den Ruf verstärken: „Kommt her zu mir alle, die ihr mühselig und beladen seid."

Da ist eine ehemalige hohe Parteifunktionärin, der 1989 alles zusammenbrach und die im Glauben ein neues Fundament fand. Da ist eine andere junge Frau, die in ihrem Leben so viel Gewalt erfahren hat, dass sie sich nur wertlos fühlen konnte, und die bei ihrer Taufe unter Tränen sagte, wie viel Würde sie nun hat, und warum sie denen vergibt, die ihr so viel angetan haben. Ihr Vater hört im Sterben noch von ihr die Geschichte vom verlorenen Sohn, erinnert sich, dass er einmal konfirmiert wurde, und bekennt dann: Das ist ja meine Geschichte. Da ist ein Musiker, der auf dem Feuerwehrfest zum Musizieren in der Kirche angeheuert wurde, dort Gott fand und nun unbeirrt Menschen einlädt, doch diese Entdeckung mit ihm zu teilen. Oder ein junger Mann, der in Kinderheimen aufwuchs und für den Gemeinde zur Familie wurde. Ein Professor, dessen Tochter so begeistert von der Gemeindearbeit erzählte. Eine Frau, die so vom Leben geprügelt wurde, dass sie psychisch erkrankte. Jetzt fragen die Mitglieder ihrer Selbsthilfegruppe nach und sagen ihr: „Bring

Menschen, die in der Nähe Jesu heil werden und Grund zum Singen finden, das ist der Kern dessen, worum es in der Gemeinde geht.

doch mal die Leute aus deiner Gemeinde mit, dass sie uns etwas von Gott erzählen. Du hast dich so verändert. "

Kommt her zu mir, alle, die ihr mühselig und beladen seid. Ich will euch erquicken. Menschen, die in der Nähe Jesu heil werden und Grund zum Singen finden, das ist der Kern dessen, worum es in der Gemeinde geht. Geschieht es, so gesundet die Gemeinde, wird neu, anziehend und lebendig. Geschieht es nicht, können wir uns alles andere schenken. Kantate und nicht Lamentamini.

Wie viele Menschen warten darauf, dass ihnen irgendjemand sagt, dass sie etwas wert sind, und dass irgendjemand sie auch das Gewicht spüren lässt, das ihr Leben bei Gott besitzt. Trotz und in Arbeitslosigkeit, zerbrochenen Beziehungen, Sucht, Gewalterfahrung und Leere. Das ist die Herausforderung Gottes: Kommt her zu mir!

2.2 Die Vision einer gesunden Gemeinde

Sie merken: Ich spreche von einer Vision, wie Gemeinde Jesu aussehen könnte. Ich glaube: Gemeinde entwickelt sich nicht, wenn uns nur der Druck der Verhältnisse nach unten drückt. Gemeinde entwickelt sich, wenn uns eine Vision gemeinsam fasziniert. Das Evangelium schenkt uns mitten in der Krise Visionen von gesunden Gemeinden. Denn: Eine Vision ist nicht ein Wunschtraum. Es geht nicht um Illusionen über den Zustand unserer Kirche. Es geht um eine Vision, die in Gottes Willen gegründet ist. Wenn Gott davon träumt, viele Menschen mit seiner Liebe zu beschenken und zu einer starken und gesunden Gemeinschaft zusammenzufügen, dann *dürfen* wir nicht nur mitträumen, dann ist Träumen Gehorsam. Gottes Träume sind im Traumbilderbuch festgehalten, in der Heiligen Schrift. Wenn wir angefochten, wie wir sind, betend und horchend die Schrift aufschlagen, dann werden uns die Visionen Gottes für unsere Gemeinde zuteil. Sie dann miteinander zu teilen, miteinander immer wieder zu kommunizieren und miteinander zu leben, das ist der Beginn gesunder Gemeindeentwicklung.

Wie eine Vision von der Gemeinde aussehen kann, möchte ich an einem englischen Beispiel zeigen:

In England hat man sich bei einer Untersuchung im Norden des Landes überaus gewundert[57]: 260 Gemeinden wurden untersucht, 235 waren in den letzten fünf Jahren deutlich geschrumpft. Aber 25 Gemeinden waren gewachsen. Und das hat nun Forscher wie Robert Warren interessiert: Warum sind diese 25 Gemeinden so deutlich gewachsen?

Die Frage war auch deshalb spannend, weil diese Gemeinden so unglaublich unterschiedlich waren. Es gab große und kleine Gemeinden, unterschiedlichste Pfarrer, soziale Milieus und Frömmigkeitstypen. Die Gemeinden lagen im ländlichen und städtischen Umfeld. Man hat genauer hingeschaut und festgestellt: Diese Gemeinden haben sich gar nicht so sehr um Wachstum bemüht. Auffällig war, dass sie sich vor allem bemühten, „to be the church better"[58], während Zahlen an sich nicht im Mittelpunkt standen.[59] Gesündere Gemeinden wollten sie werden, nicht größere! Am Ende des Prozesses wurden sieben Merkmale gesunder Gemeinden identifiziert. Es sind nicht bestimmte Methoden oder Arbeitsformen, um die es hier geht. Es heißt nicht: Gründet mehr Hauskreise, oder kümmert euch mehr um Hausbesuche. Es heißt auch nicht: Amtshandlungen sind der Schlüssel zum Erfolg oder Glaubenskurse oder Willow-Creek-Gottesdienste. Es sind eher Haltungen, es sind eher bestimmte Merkmale im „Charakter" von Gemeinden, um die es hier geht. Gemeinden haben ja auch so etwas wie einen Charakter.

Man merkt das, wenn man zur Tür hereinkommt. Der Charakter einer Gemeinde, das ist die Art des Umgangs miteinander, aber auch mit dem Fremden und dem Gast. Es ist auch die Art, wie wir uns geben, wenn wir beten. Der Charakter einer Gemeinde, das ist das Ensemble der Werte, die bei uns gelten. Gesunde Gemeinden, so Warren, zeigen sieben Charaktereigenschaften:[60] Was sie dann an Veranstaltungen anbieten und wie sie sich organisieren, das ist etwas Zweites und kann sehr unterschiedlich aussehen.

1. Gesunde Gemeinden sind vom Glauben begeistert. Im Mittelpunkt ihres Gemeindelebens steht das Bewusstsein von der Gegenwart, Güte und Liebe Gottes. Gottesdienst und Bibellesen haben besonderes Gewicht. Das Wachstum der Einzelnen im Glauben wird gezielt gefördert. Die Energie der Gemeinde fließt aus dieser Glaubenshaltung.[61]

2. Gesunde Gemeinden sind eher nach außen als nach innen gerichtet. Sie sind sehr wach, wenn es um ihr soziales Umfeld geht. Sie sind leidenschaftlich mit anderen zusammen engagiert, wenn es um Gerechtigkeit und Frieden geht, und zwar lokal wie global. Und sie engagieren sich in konkreten Projekten für ihr Umfeld.[62]

3. Gesunde Gemeinden sind auf der Suche nach dem, was Gott von ihnen heute will. Wachsam betend und fragend geht es mehr um das, was Gott heute will als um das, was immer schon so geschah. Wozu ruft uns Gott? Was ist darum unsere Vision und welche Prioritäten setzen wir aus diesem Grund?[63]

4. Gesunde Gemeinden sehen nüchtern auf die Kosten von Wandel und Wachstum. Sie nehmen das Risiko auf sich, neue Wege auszuprobieren. Krisen werden als Herausforderungen angenommen.[64]

2. Die Herausforderung durch das Evangelium

5. Gesunde Gemeinden handeln gemeinschaftlich. Die Gemeinden leben von starken, großzügigen und ehrlichen Beziehungen. Sie verstehen sich als Familien. Die Gaben der einzelnen Christen werden geachtet und gefördert.[65]

6. Gesunde Gemeinden schaffen Raum für möglichst alle, die hinzukommen möchten. Sie sagen nicht nur, dass sie ja für alle Menschen offen sind, sondern richten ihr Gemeindeleben danach aus, dass auch Fremde, suchende Menschen und insbesondere Kinder und Jugendliche heimisch werden und sich einbringen können.[66]

7. Gesunde Gemeinden konzentrieren sich auf einige wenige Schwerpunkte; aber was sie machen, machen sie so gut wie möglich. Sie haben Spaß an dem, was sie tun – weil es ja ihrer Vision von einer gesunden Gemeinde entspricht.[67]

Man könnte nun fragen, warum es gerade diese sieben Merkmale sind. Das hat sich auch Robert Warren gefragt: „Unsere Schlussfolgerung war, dass es etwas damit zu tun hat, dass diese sieben Merkmale das Leben Christi widerspiegeln."[68]

Denn auch Jesus bekam seine Energie aus dem Glauben, aus den Zeiten einsamen Betens zum Beispiel, sein Fokus war nach außen gerichtet, er versuchte immer wieder herauszufinden, was der konkrete Wille des Vaters war. Sein Leben war der Aufgabe gewidmet, heilsame Veränderung in das Leben einzelner Menschen und ganzer Gemeinschaften zu bringen. Dafür nahm er auch Risiken in Kauf. Er schuf eine kleine Gruppe von Jüngern, mit denen er lebte und gemeinschaftlich wirkte. Er wandte sich auch an die „Unberührbaren" seiner Zeit und machte ihnen und vielen anderen Platz im Reich Gottes. Und weil er so auf den Willen des Vaters konzentriert war, tat er nur weniges und das mit ganzer Hingabe.

Und nun kann man diesen Gedanken noch einmal verlängern und sagen: Genau das wird uns auch von den Jüngern und Aposteln und der ersten Gemeinde berichtet. Die Taufe ist dann die Berufung, nun genau das auch zu leben, was wir an Christus sehen.

Das verbindet sich mit der Hoffnung, auf diesem Weg zu einer gesunden Gemeinde zu werden. Um solche Gesundheit geht es im Gemeindeaufbau. Das ist das Ziel. Nicht Zahlen an sich. Nicht das Überleben einer Institution. Nicht das Pfarramt. Nicht die Wichtigkeit von christlichen Werten. Nicht Wachstum an sich. Nicht bestimmte Gottesdienstformen. Nicht ein Musikstil. Nicht eine bestimmte Organisationsform. Gesunde Gemeinde ist Gemeinde, insofern sie das Wesen Christi reflektiert. Darum sind die sieben Merkmale auch recht allgemein: Was bei Ihnen daheim nötig ist, das können nur Sie miteinander betend und forschend herausfinden.

> *Nicht Wachstum an sich ist das Thema des Gemeindeaufbaus, sondern Gesundheit. Gesunde Gemeinden spiegeln etwas vom Wesen Jesu wider. Als gesunde Organismen können sie gar nicht anders, als zu wachsen.*

Ich fasse wieder zusammen: Gesunde Gemeinden spiegeln etwas vom Wesen Jesu wider. Sie lassen sich von seiner Offenheit für Gott und von seiner Zuneigung zu Menschen bestimmen. Gemeinden werden gesund, wenn sie sich so von Jesus und seinem Evangelium prägen lassen. Jesu Zuwendung zu den Mühseligen und Beladenen soll auch in der Gemeinde erfahrbar werden. Seine lebendige Gegenwart macht Gemeinden gesund und anziehend.

Solche Gesundheit ist das Thema des Gemeindeaufbaus, nicht Wachstum an sich oder Bewahrung einer Institution. Gleichwohl werden gesunde Gemeinden wachsen, denn gesunde Organismen können gar nicht anders als zu wachsen. Darum:

3. Die Herausforderung zur Mission: Einladen, um zu wachsen

3.1 Mission heißt: Gewinnen statt haben

Ich gehe davon aus, dass wir die Menschen nicht mehr „haben", wie man es in früheren Zeiten vielleicht noch sagen konnte; wir müssen sie erst gewinnen. Früher hat es mehr oder weniger gut geklappt: Menschen wurden getauft, konfirmiert, getraut. Sie hatten ein gewisses Verständnis für das Christentum und auch ein Einverständnis mit seinen Inhalten, mehr oder weniger. Und sie beteiligten sich am Leben in der Gemeinde, mehr oder weniger. Der Kontakt zur Kirche war zuerst Sache der Tradition, nicht der persönlichen Wahl.

Das ist heute anders. Bei uns im Osten ist das offenkundig, weil eben kaum mehr als 20 % der Menschen auch Kirchenmitglieder sind. Aber auch im Westen wird es deutlicher: Wir haben nicht mehr automatisch den Zugang zu den Menschen; wir müssen sie erst davon überzeugen, dass es sinnvoll ist, mit uns Kontakt zu haben. Wie alles wird auch der Bezug zum Glauben zuerst eine Sache der persönlichen Wahl, nicht der Tradition.

Wir leben also in einem Missionskontext. Was 1963 bei der Weltmissionskonferenz in Mexiko gesagt wurde, wird jetzt ernst: Mission findet nicht da draußen statt, sondern auch hier bei uns. Jedes Nachzählen zeigt: Wir sind Missionsland. Ein Ältestenkreis in Pommern verwahrte sich freilich dagegen: „Wir sind doch nicht in Brasilien." Doch der Dekan (Superintendent) antwortete trocken und knapp: „Nein, aber wären wir in Brasilien, dann wäre es besser um uns bestellt."

Anders gesagt: Die alte, christentümliche Gesellschaft ist im Osten bereits gestorben und im Westen schwer erkrankt oder liegt bereits in ihren letzten Zügen. Sie ordnete ihr Leben rund um die Kathedrale. Läden schmiegten sich an ihre Mauern. Das Leben ordnete sich um die Kirche, der Rhythmus der Tage und Wochen wurde von ihr bestimmt. Sie war die eine Agentur zur Vermittlung von Sinn und Orientierung. Dieses Monopol haben wir heute unwiederbringlich verloren. An die Stelle der Kathedrale tritt der Marktplatz.

Ob es uns gefällt oder nicht: Die Menschen verhalten sich wie Käufer auf dem Markt. Sie wählen von diesem oder jenem Stand, was ihnen gefällt. Sie sind auch nicht unbedingt zuverlässige Stammkunden, sondern eher Wechselkunden. Das Christentum muss sich auch davon verabschieden, durch die umgebende Kultur selbstverständlich gestützt zu werden. Wesentliche Bildungsträger wie die Schulen und die Massenmedien stützen die Wahl des Glaubens mehrheitlich nicht mehr. Christentum kann nur noch „personengestützt" existieren, durch bewusste Wahl und Annahme des Glaubens. Das ist die Kehrseite der Medaille: Wir haben unsere Mitmenschen nicht, sondern müssen sie gewinnen. Das wiederum bedeutet: Sie haben das Christsein nicht, sondern wählen es und nehmen es an. Oder sie wählen es nicht und gehen vorüber.

> *Ob es uns gefällt oder nicht: Die Menschen verhalten sich wie Käufer auf dem Markt. Sie wählen von diesem oder jenem Stand, was ihnen gefällt.*

3. Die Herausforderung zur Mission: Einladen, um zu wachsen

Religiösen Pluralismus kannte die Antike auch, aber die frühe Christenheit betrat diesen religiösen Markt mit einem frischen, unbekannten, unverbrauchten und attraktiven Angebot. Alt waren die anderen. Heute aber betreten die Menschen den Markt und denken: Den christlichen Stand kennen wir. Dort haben wir früher gekauft und wurden enttäuscht. Die Kriminalgeschichte der christlichen Händler von Sinn und Orientierung ist Grundschulwissen. Wer im Osten groß wurde, ist erfolgreich immunisiert: „Trau bloß der Kirche nicht!" Wer im Westen groß wurde, winkt gelangweilt ab: „Nichts Spannendes zu erwarten!" Viel interessanter und verlockender sind die zahlreichen Wegweiser ins Heilige, die sich da als neu und aufregend anpreisen. Im Westen ist es also eher Konkurrenz, im Osten eher Indifferenz. Noch deutlicher: Im Westen locken andere, während man im Osten Gott gar nicht erst denkt – und auch nichts vermisst.

In jedem Fall braucht also der christliche Missionar auf diesem Markt besondere Bemühungen, um Menschen, wohl eher einzelne als Massen, wieder aufmerksam und aufnahmebereit zu machen. Er muss plausibel machen können, warum es sich lohnt, gerade diesen Marktstand wieder aufzusuchen. So weit greift das Markt-Bild. Nun aber müssen wir es verlassen.

3.2 Gewinnen durch Einzelne und Gemeinschaften

„Es ist in vielen Untersuchungen deutlich geworden, dass authentische Beziehungen von Christen, die über ihren Glauben Auskunft geben können und wollen, der entscheidende Schlüssel sind, um kirchenferne Menschen zu erreichen. Alle anderen Strategien wie evangelistische Veranstaltungen, befristete Glaubenskurse, alternative Gottesdienste, Freizeiten und andere Gemeindeaktivitäten können und sollen sich dann anschließen. Dabei wird es vor allem darauf ankommen, dass die Gemeinde eine Kultur der missionarischen Gastfreundschaft entwickelt. Vielleicht sind einige Fragen hilfreich, um zu überprüfen, wie es um diese missionarische Gastfreundschaft bestellt ist:

1. Ermutigen wir unsere Gemeindeglieder, authentische freundschaftliche Beziehungen zu Menschen aufzubauen, die der Gemeinde fern stehen? Dabei kommt es darauf an, jeden Anschein von Taktik zu vermeiden. Es muss uns wirklich um diese Menschen selbst gehen, und unsere Beziehungen zu ihnen müssen ihren Wert bereits in sich selbst besitzen. Und der Terminkalender ehrenamtlicher Mitarbeiterinnen und Mitarbeiter darf nicht so von Gemeindeterminen bestimmt sein, dass für außergemeindliche Freundschaften kein Raum mehr ist.

2. Schulen wir unsere Gemeindeglieder, über ihren Glauben zu sprechen? Helfen wir ihnen, mit eigenen Worten zum Ausdruck zu bringen, was ihr einziger Trost im Leben und im Sterben ist? Und sprechen wir mit ihnen darüber, wie man den rechten Zeitpunkt erfasst, also zur richtigen Zeit schweigt oder redet?

3. Überprüfen wir unsere Räumlichkeiten, ob sie tatsächlich dazu angetan sind, dass sich kirchenferne Menschen bei uns wohl fühlen? Das betrifft natürlich schlichte Fragen wie Sauberkeit, Wärme und „Sauerstoffgehalt", aber auch gar nicht so schlichte Fragen wie Ästhetik und Atmosphäre.

4. Überprüfen wir auch unsere „inneren Räumlichkeiten": Wie singen und reden wir vom Glauben? Machen unsere Worte den Zugang zum Glauben leichter oder eher schwerer? Würde es Menschen helfen, sich dem Glauben zu nähern, wenn sie zu uns kämen? Oder würde es sie eher zurückwerfen?

3. Die Herausforderung zur Mission: Einladen, um zu wachsen

Wenn wir noch etwas tiefer graben, geht es in diesem Zusammenhang um die Ernsthaftigkeit unserer Motive:

Dazu muss es uns wichtig sein, anderen von Jesus zu erzählen. Eddie Gibbs, englischer Gemeindeaufbau-Experte, schildert die Kritik eines jüdischen Journalisten: Euch Christen ist es völlig egal, dass ich ein völliger Atheist bin. Ich bin Atheist, aber ihr seid Apatheisten. Apathisch gegenüber meinem Unglauben und darum vielleicht doch auch ein bisschen atheistisch. Apatheisten – ein nettes Wort für eine ernste Sache![69] Er wollte sagen: Wenn es euch ernst ist mit Gott, wie könnt ihr dann so beharrlich von ihm schweigen? Die Apostel sagten: „Wir können's ja nicht lassen, von dem zu reden, was wir gesehen und gehört haben" (Apg 4,20). Wer Jesus begegnet ist, kann ihn nicht als Privatbesitz betrachten. Paulus schreibt (1 Kor 9,19-23), er wolle allen alles werden, und er hat zwei Motive: Er will möglichst viele Menschen für den Glauben gewinnen, und er will Anteil am Evangelium haben. Ich habe keinen Anteil am Evangelium, wenn ich mich dem Drang Jesu widersetze, jeden Menschen zu gewinnen, zu beschenken, zu heilen und zu retten. Wenn wir verstehen, wie viel uns mit Jesus geschenkt ist, dann verstehen wir auch, wie vieles Menschen fern von Jesus mangelt und warum sein Ruf nicht verstummt: Kommt her zu mir alle!

3.3 Gewinnen wollen zur Nachfolge in der Gemeinschaft

Auch hier müssen wir umdenken. Wir wissen heute relativ genau, dass es nicht ausreicht, wenn Menschen ausschließlich „Kirche bei Gelegenheit" (Michael Nüchtern) erleben. Anders gesagt: Unser Christsein wird nicht überleben, wenn es nur von gelegentlichen Höhepunkten im Jahres- oder Lebenslauf gestützt wird, wenn man also nur in großen Abständen am gemeindlichen Leben teilnimmt, hier einen Weihnachtsgottesdienst, dort eine Beerdigung und dazwischen ein Orgelkonzert besucht, sich aber ansonsten fernhält. Das reicht nicht, wenn die christentümliche Gesellschaft stirbt und der Glaube Sache einer Minderheit wird.

Ein Christsein ohne Gemeinschaft „funktioniert" einfach nicht. Bischof Kähler schrieb vor kurzem: „Die Kinder derer, die früher Gottes Nähe eher im Wald als in der Kirche suchten, finden heute in unseren Breiten im Grünen nicht mehr zu einer Art von Gottvertrauen."[70]

Folgt man etwa dem Soziologen Peter Berger, so erkennt man, dass der Glaube ohne regelmäßige Kommunikation unter Glaubenden in einer Minderheitensituation nicht überlebensfähig ist. Er ist dann für den einzelnen Glaubenden nicht mehr plausibel. Berger hat ein schlagendes Beispiel: Zahnschmerzen, so sagt er, plausibilisieren sich von selbst; der Glaube in der Minderheit nicht – der hängt daran, dass andere ihn auch plausibel finden und wir uns gegenseitig stärken. Er hängt – soziologisch gesprochen – am

Wir sollten uns von der Illusion verabschieden, Kirchenmitgliedschaft in freundlicher Distanz sei auf Dauer eine tragfähige christliche Existenzweise.

seidenen Faden des Gesprächs. Das Problem des ostdeutschen Protestantismus nach 1945 ist nicht allein die aggressive Religionspolitik der SED gewesen. Es zeigt sich vielmehr, dass eine typisch protestantische, distanzierte Kirchenmitgliedschaft unter Druck nicht standhielt und eine reine Kasualchristlichkeit rasch die alternativen Angebote der Jugendweihe und der weltlichen Beerdigung für mindestens ebenso plausibel hielt.

3. Die Herausforderung zur Mission: Einladen, um zu wachsen

Wir sollten uns darum endlich von der Illusion verabschieden, Kirchenmitgliedschaft in freundlicher Distanz sei auf Dauer eine tragfähige, gleichberechtigte christliche Existenzweise. Unser Ziel muss es vielmehr sein, dass Menschen sich in der Gemeinde beheimaten. Ziel von Mission ist Konversion. Anders gesagt: Es ist unser Ziel, dass Menschen das Evangelium als „Lebensmacht" (Max Weber) ergreifen und sich der Gemeinschaft der Christen verbindlich anschließen.

3.4 Gewinnen am Ende der sieben fetten Jahre

Was können wir nun für eine einladende und wachsende Kirche tun? Ich wage eine vorsichtige Zeitansage als Grenzgänger zwischen Ost und West. Wir sind in Pommern in einer Situation, in der das Überleben als Landeskirche in bisheriger Form nicht möglich sein wird. Der Mangel an Ressourcen zwingt uns zu handfesten Reformen. Wir müssen Einschnitte in die kirchlichen Strukturen hinnehmen und zugleich darüber nachdenken, wie wir gezielt an einigen Stellen neu investieren, um zukünftiges Wachstum anzubahnen. Es geht um einen geordneten Rückbau von Strukturen und einen mutigen Aufbruch in die Zukunft.

Bei Ihnen in Franken geht es nach meiner Einschätzung um etwas anderes. Auch Sie denken häufig über Strukturen und Sparzwänge nach. Aber die Ausgangslage ist anders: Sie befinden sich – mindestens aus ostdeutscher Perspektive – noch in einer verhältnismäßig komfortablen Situation. Ich wage diese Zeitansage: Sie stehen im „siebten der fetten Jahre". Das aber bedeutet: Sie kön-

Heute die Ressourcen so kanalisieren, dass in den „sieben mageren Jahren" ein Vorrat an diasporafähigen Christenmenschen und Gemeinden da ist.

nen natürlich so sparen wie der Mensch in der Badewanne, der den Stöpsel zieht – die Wanne leert sich gleichmäßig, der Wasserstand sinkt überall, bis der Badende im Trockenen sitzt. Sie können aber auch heute die Ressourcen so kanalisieren, dass in den „sieben mageren Jahren" ein Vorrat da ist. Ich meine dabei einen Vorrat an diasporafähigen Christenmenschen und an diasporafähigen Gemeinden.[71]

Stützt die Kultur immer weniger den Glauben und die Gemeinde, so empfehle ich Ihnen, die Kräfte darauf zu konzentrieren, möglichst vielen Menschen die Gelegenheit zu geben, einen widerstandsfähigen Glauben zu entwickeln.

Dieser Gedanke verbindet mich mit Paul Zulehner: „Widerständig ist Religion […] um so eher, je mehr sie […] in überschaubaren Gemeinschaften gestützt wird. […] Es wäre […] gut, gleichsam jetzt schon Überlebensvorrat für durchaus mögliche schlechtere Zeiten zu schaffen, nämlich persönliche Glaubensüberzeugung und die Vernetzung von Überzeugten."[72]

Ich fasse zusammen:

Eine einladende Gemeinde lebt von Christen, die Beziehungen pflegen und ihren Glauben nicht verschweigen. Die Gemeinde unterstützt sie mit Glaubenskursen und anderen Angeboten. Das Ziel ist das persönliche Ja unserer Gäste zum Glauben und ihre Beheimatung in der Gemeinde. Das schließt eine Gemeindeentwicklung aus, die mehr oder weniger gleichgültig die Distanz der Distanzierten zur Kenntnis nimmt und sich durch sie nicht zum Beten und Handeln gerufen sieht. Die Kirche der Zukunft wird missionarisch sein oder gar nicht sein.

4. Die Herausforderung zum missionarisch verstandenen Plural

Ich will Ihnen eine letzte Herausforderung noch zumuten: Auch sie ist durch die Erforschung des anglikanischen Gemeindeaufbaus entstanden. Dort ist das Missionarische nach meinem Eindruck tiefer in der Kirche verwurzelt, und es findet vielfältigere, also im guten Sinne plurale Ausdrucksformen. Außerdem haben die Engländer sichtlich mehr Mut zu neuen Strukturen. Das möchte ich gerne zum Schluss noch beleuchten.

Wenn wir Kirche für das ganze Volk sein wollen, dann dürfen wir nicht damit zufrieden sein, dass es flächendeckend Kirchengemeinden gibt. Geografisch wäre damit das ganze Volk erreicht. Aber eben nur geografisch. In der Anglikanischen Kirche hat man seit etwa 20 Jahren begriffen, dass es andere als geografische weiße Flecken geben kann: Eine Kirche kann etwa den Kontakt zu sozialen Schichten verlieren, oder es können ganze kulturelle Milieus unerreicht bleiben. Und man hat sich in England nicht darauf zurückgezogen, dass es ja für jeden erreichbar kirchliche Angebote gibt, nach dem Motto: Wer will, kann ja kommen. Man hat vielmehr gesehen: Wir brauchen auch neue Ausdrucksformen gemeindlichen Lebens. Neben, nicht gegen, aber neben der Ortsgemeinde brauchen wir andere Gemeindeformen, um die zu erreichen, die wir mit unserer parochialen Ordnung nicht erreichen.[73]

Neben der Ortsgemeinde brauchen wir andere Gemeindeformen, um die zu erreichen, die wir mit unserer parochialen Ordnung nicht erreichen.

Warum erreichen wir viele nicht? Ich nenne nur zwei Gründe:

Zum einen, weil unser Gottesdienst zwar allen offensteht, aber doch in Wirklichkeit nur einen kleinen Ausschnitt der Menschen erreicht, eher die älteren, eher die Frauen, eher die bürgerliche Mitte. Anderen ist er fremd geblieben. Für viele ist er keine Option. Wir haben weitgehend die Menschen in prekären sozialen Lagen ebenso verloren wie die Hochgebildeten. Wir haben die jüngeren Männer und Frauen in den Städten weitgehend verloren und andere mehr.

Zum anderen ist unser kirchliches Leben an der Nachbarschaft orientiert. Das ganze System baut darauf auf, dass ich dort zum Gottesdienst gehe, wo ich wohne. Für viele ist das auch gut so. Sehr viele Menschen leben aber so mobil, dass sie von allen Mitmenschen die Nachbarn am wenigsten kennen. Ihre Lebensmittelpunkte sind Beruf oder Schule oder Netzwerke von Freunden oder aber Initiativen, in denen sie sich engagieren. Sollen auch sie der Kirche begegnen, müsste diese Kirche in ihren Lebensorten vorkommen. Dazu kommt, dass der Lebensrhythmus dieser Menschen sich völlig anders darstellt. Auf dem Programm der Sonntage morgens um 10:00 Uhr steht alles Mögliche, aber sicher nicht der Gottesdienst. Endlich ausschlafen, brunchen, Hobbys nachgehen! Unser kirchliches Zeitsystem ist mit dem Wochenendempfinden kaum synchronisiert.

In der Anglikanischen Kirche sucht man darum aus missionarischen Gründen eine „Mischwirtschaft unterschiedlichster Gemeindeformen", um möglichst viele Menschen zu erreichen: Das kann in Parochien geschehen, aber auch in Cell Churches, also Gemeinden, die nur aus Kleingruppen bestehen. In Gemeindepflanzungen, die nichts anderes sind als ein zweites selbstständiges Programm unter demselben Kirchendach, oder aber in völligen Neugründungen von Gemeinden in bislang unerreichten Regionen. In Gemeinden, die sich als vollständige und dauerhafte Gemeinden an Schulen bilden, für Schüler, Lehrer und Eltern. In Gemeinden in Cafés. In Gemeinden, die als soziales Projekt in Brennpunkten beginnen, aber auch Gottesdienste und Glaubenskurse anbieten. In Gemeinden, die sich aus einem spezifischen Gottesdienst für Suchende heraus entwickeln. Mut zum missionarischen Plural – und das alles im Raum der Anglikanischen Kirche und nicht als Freikirche!

Wir hingegen neigen dazu, an unseren Strukturen mit einer gewissen Verbissenheit festzuhalten. Wir sind bessere Verwalter des Vorhandenen als mutige Unternehmer einer zukünftigen Kirchengestalt. So werden manche Kirchenleute immer noch sehr nervös, wenn man ihnen sagt: Die Ortsgemeinde wird bleiben, sie ist und bleibt eine wesentliche Variante gemeindlichen Lebens. Aber daneben brauchen wir dringend weitere Gemeindetypen: etwa Profilgemeinden in den Citykirchen, „zweite Programme" in der Innenstadt, Neugründungen in den entkirchlichten Siedlungen und auch geistliche Leuchttürme im ländlichen Raum. Da kommt Nervosität auf. Aber es stimmt trotzdem!

Wir brauchen, so begann dieser Abschnitt, ein Ja zum Plural in missionarischer Perspektive. Freilich ist dieses Ja nur sinnvoll, wenn der Plural in der Kirche zugleich missionarisch wird. Das Ja zum Plural und die Liebe zur Mission müssen sich vermählen. Mission wird sich dann pluralisieren und der Plural wird sich mehr und mehr dem Missionarischen verschreiben. Darum geht es. Dabei wissen wir, dass wir die Menschen nicht mehr haben. Nur hören wir nicht auf, sie gewinnen zu wollen. Unsere

Mission ist damit absichtsvoll: Sie will etwas. Sie gönnt möglichst vielen Menschen die Erfahrung, vom dreieinigen Gott gewollt und geliebt zu sein. Nicht vereinnahmen will sie, aber sie steht im Dienst der Sehnsucht Gottes, eine Beziehung aufzunehmen mit Wort und Antwort, einen echten Wortwechsel. Und damit will Mission auch Konversion.

Freilich hat das sofort Konsequenzen, von denen ich jetzt hier nur noch zwei nennen kann:

Zum einen müssten wir unsere Regionen als Missionsland verstehen und uns absprechen, wer was am besten kann, und wer wen am ehesten erreichen wird. Und dann würden wir uns besser aufstellen, indem wir mehr Vielfalt entwickeln. Gemeinden würden das tun, worin sie stark sind, und vieles lassen, was andere besser können. Und wo wir allein zu schwach sind, zum Beispiel im Blick auf einen Gottesdienst für Kirchendistanzierte, da würden wir uns zusammenschließen. Mehr miteinander reden, beten und planen müssten wir – mindestens die in einer Region, die sich nach einer missionarischen Gemeinde sehnen.

Zum anderen müssten wir unsere Revierförstermentalität aufgeben. Die Menschen gehören uns nicht wie ein Besitz, nur weil sie polizeilich bei uns gemeldet sind. Und wehe, sie finden woanders eine gemeindliche Heimat! Als Folge der Vielfalt werden unsere Mitmenschen verstärkt tun, was sie auch jetzt schon mindestens in den Städten tun: Sie werden dorthin gehen, wo ein Angebot sie anspricht, und wenn es gut geht, werden sie sich dort beheimaten. Und jetzt wird es heikel: Können wir das mit ansehen? Können wir uns freuen, wenn ein Mensch erstmals in einer Gemeinde verwurzelt ist, auch wenn es nicht unsere Gemeinde ist? Eine Grenze unserer Ortskirchengemeinden ist die vormoderne Unterstellung, die Bewohner unserer Pfarrbezirke wären unser Eigentum. Doch zum einen halten sich die Menschen nicht mehr an solche Regeln, zum anderen sind sie vielleicht ganz unsinnig, wenn es uns darum geht, möglichst viele zu beheimaten. Natürlich müssen wir über die sprechen, die einfach überall mal vorbeischauen und sich als fromme Karawane nirgends fest niederlassen. Und wir müssen uns das Abwerben derer verbieten, die an anderer Stelle schon verwurzelt sind. Dann aber müsste es uns wichtiger sein, dass ein Mensch in einer Gemeinde ankommt, als, wo er ankommt.

Schluss

Damit habe ich Sie lange genug strapaziert. Um eines ging es mir in allen vier Abschnitten: Gott selbst, der Vater Jesu Christi, ist die Herausforderung für die Entwicklung unserer Gemeinden. Er ist die Zukunft unserer Gemeinden. Er gibt uns Träume, die uns faszinieren. Er zeigt uns, wie viel wir ihm wert sind. Er bringt uns auf den Weg zu denen, die wir nicht haben, die er aber gewinnen möchte. Er macht uns Mut zu neuen Wegen und auch pluralen Strukturen, wenn nur der Plural missionarisch ist. Und er führt Menschen vom Zeugnis des Lebens und des Wortes zur Zustimmung des Herzens und zum Eintritt in die Gemeinschaft der Gläubigen, aber auch zum Dienst in der Welt. Ich danke Ihnen für Ihre Aufmerksamkeit.

Anmerkungen

1 Bill Hybels: Courageous Leadership. Grand Rapids 2002, 26.
2 Während andere schon davon sprechen, dass wir eine „zweite Reformation" brauchen (Rick Warren).
3 Fritz Schwarz: Überschaubare Gemeinde, Bd. 1, Gladbeck 1980.
4 Beispiel leicht verfremdet.
5 Frei zitiert nach Manfred Seitz.
6 Berichtet von Landessuperintendent Dr. Burghard Krause, Osnabrück.
7 So Klaus Eickhoff beim Tag Missionarischer Impulse in Salem/Mecklenburg am 4.11.2006.
8 Kirchenamt der EKD (Hg.): Kirche der Freiheit. Hannover 2006.
9 Die folgende Typologie verdankt sich vor allem den Anregungen durch einen Vortrag über „Geistliche Leitung" von Pfarrer Dr. Peter Böhlemann, Villigst, beim Kurs „Spirituelles Gemeindemanagement" in Wuppertal am 26.10.2006. Dieser Vortrag nimmt die Grundlinien Peter Böhlemanns auf und variiert sie, indem aus drei Führungstypen eine Matrix mit zwei Dimensionen wird: Kontakt- und Sachorientierung sowie Zukunfts- und Traditionsorientierung. Peter Böhlemann folgt der „Schirm-Typologie" und entwickelt daraus drei Führungstypen: den sachorientierten, den personenorientierten und den zukunftsorientierten Führungstypus.
10 DIE ZEIT, Nr. 27, 29.6.2006, 56.
11 Hermann Hoyer.
12 Robert Warren: The Healthy Churches' Handbook. London 2004, 38f.
13 Jim Collins: Der Weg zu den Besten. München ^{5}2005, 114–118.
14 A.a.O., 116.
15 Alan Nelson und Gene Appel: How To Change Your Church. Nashville 2000, 134–136.
16 Dieser Absatz wurde in Bremen nicht vorgetragen.

17 Bill Hybels: Courageous Leadership. Grand Rapids 2002, 181–199.
18 Gordon McDonald: Ordne dein Leben. Asslar 1992.
19 So auch schon Tim Wright und Lori Woods: The Ministry Marathon. Care for Yourself While You Care for the People of God. Nashville 1999.
20 Diese Matrix hat Klaus-Martin Strunk für das Spirituelle Gemeindemanagement entwickelt. Vgl. H.-J. Abromeit u. a. (Hg.): Spirituelles Gemeindemanagement Göttingen 2001.
21 Die Anregungen zu Dietrich Bonhoeffer verdanke ich Hans-Jürgen Abromeit, „Wie kann Christus der Herr auch der Religionslosen werden?" Von der Volkskirche zur Missionskirche. In: M. Herbst u.a.(Hg.): Missionarische Perspektiven für eine Kirche der Zukunft. Neukirchen-Vluyn 2005 (BEG 1), 69–84. Vgl. aber auch die neue Studie von Peter Zimmerling, Bonhoeffer als Praktischer Theologe, Göttingen 2006.
22 Dietrich Bonhoeffer: Gemeinsames Leben. München 1987 (DBW V).
23 Dietrich Bonhoeffer: Sanctorum Communio. Eine dogmatische Untersuchung zur Soziologie der Kirche. DBW I.
24 DBW I, 87.
25 DBW V, 15.
26 A.a.O., 16.
27 A.a.O., 17.
28 A.a.O., 18.
29 A.a.O., 19.
30 A.a.O., 20.
31 Paul M. Zulehner: Aufbrechen oder Untergehen. So geht Kirchenentwicklung. Das Beispiel des Passauer Pastoralplans. Ostfildern 2003, 36–37.
32 Dietrich Bonhoeffer: DBW V, 23 f.
33 A.a.O., 24.
34 So in der Auslegung von Ps. 119 in der Vorrede zum ersten Band der Wittenberger Ausgabe der Deutschen Schriften Luthers von 1539: WA 50, 658,29–659,4.
35 Oswald Bayer: Theologie (HST, Bd. 1), Gütersloh 1994, 86.
36 Frei nach Heinrich Heine: Deutschland – ein Wintermärchen.

37 Hans-Jürgen Abromeit: „Wie kann Christus der Herr auch der Religionslosen werden?" Von der Volkskirche zur Missionskirche. In: M. Herbst u.a. (Hg.): Missionarische Perspektiven für eine Kirche der Zukunft. Neukirchen-Vluyn 2005 (BEG 1), 69–84.

38 DBW VII, 402.

39 DBW VIII, 652 f.

40 „Viele Menschen in den Kirchen wissen tatsächlich von Christus nichts. Denen dienen wir in der Volksmission, indem wir ihnen Christus zur Entscheidung predigen." In: Dietrich Bonhoeffer: Finkenwalder Homiletik. In: Gesammelte Schriften, 4. Band, München 1975, 237–289, Zitat 276.

41 http://www.wycliff.de/neu/– aufgesucht am 3.6.2007.

42 Jens-Martin Sautter: Spiritualität lernen. Glaubenskurse als Einführung in die Gestalt christlichen Glaubens. Neukirchen-Vluyn 2005 (BEG 2), 107-109+313-324.

43 DBW I, 87.

44 A.a.O., 19.

45 A.a.O., 20.

46 Dietrich Bonhoeffer: Widerstand und Ergebung. München 1970, 328.

47 Alan Nelson und Gene Appel: How to change your church without killing it. Nashville 2000, 43.

48 Erwin McManus: Eine unaufhaltsame Kraft. Gemeinde, die die Welt verändert. Asslar 2005, 21–32.

49 Zu Deutsch: „Vergesst nicht, jede Generation hat ihre Art!"

50 John Ortberg: Jeder ist normal, bis du ihn kennen lernst. Asslar 2004, 253 f.

51 Kirchenamt der Evangelischen Kirche in Deutschland (Hg.): Kirche der Freiheit. Perspektiven für die Evangelische Kirche in 21. Jahrhundert. Hannover 2006.

52 Sozialwissenschaftliches Institut der EKD: Konzentration auf die Zukunft! 10 Fakten zur Situation der Kirche. Hannover 2007.

53 So Eberhard Tiefensee in einem Vortrag in Greifswald am 7.10.2005.

54 Joachim Wanke: Missionarische Herausforderungen im gesellschaftlichen Kontext Deutschlands – Perspektive Ostdeutsch-

land. In: EMW u.a. (Hg.): Aufbruch zu einer missionarischen Ökumene. Hamburg 1999, 138.

55 Mündlich mitgeteilt.

56 Wilfried Härle: Als ob alles Beten nichts nützt. Zeitzeichen 10/2006, 22–25.

57 Robert Warren: The Healthy Churches' Handbook. A Process for Revitalizing Your Church. London 2004.

58 Übers.: „besser die Kirche zu sein"

59 A.a.O.

60 Vgl. die Kurzüberblicke a.a.O., vii, 16 f. und 47 f.

61 Vgl. a.a.O., 19–22.

62 Vgl. a.a.O., 22–25.

63 Vgl. a.a.O., 26–31.

64 Vgl. a.a.O., 31–35.

65 Vgl. a.a.O., 36–40.

66 Vgl. a.a.O., 40–44.

67 Vgl. a.a.O., 44–46.

68 A.a.O., 57. Übersetzung MH.

69 Eddie Gibbs: Leadership Next. Downers Grove 2005, 51.

70 Christoph Kähler: Am Haus des Glaubens bauen. VELKD-Informationen Nr. 120 vom 26.4.2007, 1–5, Verweis auf S. 3.

71 Den Gedanken der „diasporafähigen" Christenmenschen habe ich von Dr. Johannes Zimmermann übernommen.

72 Paul M. Zulehner: Fundamentalpastoral. Kirche zwischen Auftrag und Erwartung (Pastoraltheologie, Bd. 1). Düsseldorf [2]1991, 193 f.

73 Zum Folgenden: Church House Publishing (Ed.): Mission-shaped Church. London 2004 = M. Herbst (Hg.): Mission bringt Gemeinde in Form. Neukirchen-Vluyn 2006 (BEG-Praxis).

Ulrich Eggers

Kirche neu verstehen

Pb., 13,5 x 20,5 cm, 160 S.,
Nr. 394.397, ISBN 978-3-7751-4397-4

1996 fand der erste Kongress von Willow Creek in Deutschland statt. Das hat viele Gemeinden in Bewegung gesetzt. Gemeinden in West- und Ostdeutschland, Österreich und der Schweiz – sie möchten „Kirche neu verstehen". Sie erleben positive Aufbrüche und Veränderungen und öffnen sich für Menschen, die bisher keine Beziehung zum christlichen Glauben hatten. Sie orientieren sich am Vorbild der Urgemeinde, an den Werten und Zielen der Willow Creek Community Church, der großen Gemeinde bei Chicago.

Pastoren und Mitarbeiter berichten in diesem Buch von ihren Erfahrungen und schildern offen und ehrlich Erfolge, aber auch Probleme auf ihrem neuen, lohnenden Weg.

Das Buch und die beigelegte CD mit ERF-Sendungen machen Mut, sich in Ihren Gemeinden auf die Grundlage der Bibel zu besinnen und Neues zu wagen.
Es richtet sich sowohl an Pastoren als auch an jeden Christen, der Menschen zu Jesus Christus einladen möchte.

Bitte fragen Sie in Ihrer Buchhandlung nach diesem Buch!
Oder schreiben Sie an: Hänssler Verlag GmbH & Co. KG,
D-71087 Holzgerlingen.

Johannes Stockmayer

Frisch renoviert!

Pb., 13,5 x 20,5 cm, 200 S.,
Nr. 394.664, ISBN 978-3-7751-4664-7

Die Gemeinde ist wie ein Haus, das ab und zu renoviert werden muss. Doch wie kann das geschehen?

Denn es geht nicht um Betonpfeiler und Stahlträger. Es geht um Menschen. Wenn der Gemeinde-Bau stockt, ist Hilfe von außen nötig. Der Gemeindeberater Johannes Stockmayer bietet keine billigen Patentrezepte, sondern gibt wertvolle Tipps: von der Bibel her und aus eigener jahrelanger Erfahrung. Er zeigt, wie Christus Menschen gebraucht, um lebendige Gemeinden zu bauen.

Johannes Stockmayer, Jahrgang 1955, ist Diakon und Gemeindepädagoge. Seit 1990 arbeitet er als selbstständiger Gemeindeberater.

Bitte fragen Sie in Ihrer Buchhandlung nach diesem Buch!
Oder schreiben Sie an: Hänssler Verlag GmbH & Co. KG,
D-71087 Holzgerlingen.